Roger von Oech

Der kreative Kick

Aktivieren Sie Ihren Forscher, Künstler, Richter & Krieger

Herausgegeben von
Klaus Marwitz

Illustrationen von
George Willett

Roger von Oech

Der kreative Kick

Aktivieren Sie Ihren Forscher, Künstler, Richter & Krieger

Aus dem Amerikanischen von Karin Haag

Junfermann Verlag • Paderborn
1997

2. Auflage 1997

Orginaltitel: A Kick In The Seat Of The Pants. Using Your Explorer, Artist, Judge, & Warrior To Be More Creative.

Illustrationen: George Willett
Übersetzung aus dem Amerikanischen: Karin Haag
Cover-Gestaltung: Inga Koch

Satz: adrupa Paderborn
Druck: PDC – Paderborner Druck Centrum

CIP-Titelaufnahme der Deutschen Bibliothek

Von Oech, Roger:
Der kreative Kick: Aktivieren Sie Ihren Forscher, Künstler, Richter & Krieger / Roger von Oech. Aus dem Amerikan. von Karin Haag. – Paderborn: Junfermann, 1994

Einheitssacht.: A Kick in the Seat of the Pants <dt.>
ISBN 3-87387-098-3

ISBN 3-87387-098-3

Für Wendy, Athena & Alexander

Inhalt

Vor-Sätze des Herausgebers

An den Abenden meiner Seminare veranstalte ich regelmäßig einen sogenannten Kommunikations-Club. Spätestens hier können alle Teilnehmer, frei von allen Zwängen der „Gruppen-Hydraulik", einander nahekommen, miteinander kommunizieren, miteinander alte und neue Spiele spielen.

Selten habe ich fröhlichere Manager gesehen.

In einem dieser Spiele fand ich jüngst den Hinweis auf das Buch von Roger von Oech. Ich war zutiefst und gleichzeitig höchst überrascht, wie der Autor mit dieser oszillierenden Materie umgeht. Nicht nur, daß er die klassische Form der Darbietung und damit auch den grünen Tisch verläßt, nein, er zwingt den Betrachter des Buches in das praktische Handeln, indem er ihn einfach lachen läßt. Wer über etwas lacht, hat dies bereits verinnerlicht.

Roger von Oechs Ideen und Gedanken wurden in seinen weit über Kalifornien hinaus bekannten Seminaren gezeugt; gewachsen sind sie dann in der Praxis, und jetzt sind sie zwischen die Buchdeckel der Junfermannschen Multi-Mind-Reihe geraten, wo sie meiner Meinung nach einen optimalen Platz haben.

Edison wurde „der Zauberer von Menlo Park" genannt. Roger von Oechs Institut befindet sich genau dort. DA GLÜHBIRNE UND PHONOGRAPH BEREITS ERFUNDEN WAREN, KONNTE ER SICH FRÜH UM ANDERE INNOVATIVE DINGE KÜMMERN. Sein Anliegen war und ist, Kreativität dorthin zu tragen, wo sie nicht immer in ausreichendem Maße zur Verfügung steht. Das mag in der Wirtschaft sein, vor allem aber in der Schule, im privaten Bereich.

Die meisten Bücher über Kreativität erschöpfen sich in langatmigen Appellen, „nun endlich spontan kreativ zu sein". Dabei reagiert dieses kostbare Gut sehr empfindlich auf langweiligen Theorie-Wind. Es will praktiziert werden. Nur wie? Roger von Oech sagt:

Sie stehen schon? Das ist gut – Sie sind also bereit für den kreativen Kick.

Und dieser Kick ist der Humor. Humor macht krea-fit. Oech weiß, wo er Sie packen kann: nicht an der eng-tiefsinnigen, sondern an der weit humorvolleren Seite Ihres Gemüts. Lachen, lächeln, schmunzeln erweitert Ihre hirnmäßigen Möglichkeiten, läßt Ihre Gehirnzellen in die Hände klatschen, auf daß sie sich weiter vernetzen.

Und so erwartet den Buch-Betrachter ein heiterer Tag, es sei denn, das Buch würde nachts gelesen.

Wenn darüber hinaus – eigentlich ist das von jedem ernsthaften Kreativen zu erwarten – auch die zahlreichen Übungen quasi als Kreativ-Kurs-Teilnehmer durchlebt werden, ist das Entstehen eines völlig anderen inneren Bildes – Kreativität genannt – schlicht nicht zu vermeiden.

Kreativität ist heute nötiger denn je. Sie wird benötigt – sei es als Treibstoff oder als Katalysator –, um in verfahrene Situationen wieder Schub zu bringen, um in Konflikten ein erstrebenswertes neues Zielbild zu erschaffen, um Politikern den verängstigten Blick auf den Wähler abzugewöhnen, um Wählern beizubringen, daß das immer wiederkehrende Beschimpfen von Politikern lediglich das eigene kreisförmige Denken bloßlegt, um Lehrern das – positive – Muster der verkorksten Verhaltensweisen ihrer Schüler aufzuzeigen, um Eltern Mut zu machen, um in der Wirtschaft für gesunden Trubel zu sorgen.

Oech ist Praktiker. Er setzt das Prinzip der „inneren Instanzen", die in jedem Menschen schlummern, spielerisch – rollenspielerisch – um: so sind Sie als Betrachter des Buches nacheinander

1. Forscher, der interessante und nötige Details sucht,
2. Künstler, der Zusammenhänge dort sieht, wo andere im Nebel stehen,
3. Richter, der verwirft, wiegt und entscheidet,
4. Krieger, der beherzt wie ein Löwe loslegt und nicht ruht.

Oechs Buch wird Sie nicht mehr loslassen. Auch Sie sollten es behalten. Und Ihren Freunden, Mitarbeitern und Chefs sollten Sie nicht über das Buch berichten, sondern es ihnen vorspielen.

Sie haben den Kick immer noch nicht gespürt?

Dann setzen Sie sich doch endlich, schließen das Buch, löschen das Licht und beginnen, das erste Kapitel zu lesen.

Ich tue dies auch ... jetzt in Kiel, im verregneten Sommer 1993.

Klaus Marwitz

Vorwort

Winter, Frühling, Sommer, Herbst
Ost, West, Nord, Süd
Matthäus, Markus, Lukas, Johannes
Erstsemester, Vordiplom, Praktikant, Abschlußsemester
Lethargie, Geschäftigkeit, Schüchternheit, Arroganz
Krieg, Hungersnot, Seuche, Tod
Sopran, Alt, Tenor, Bass
First, Second, Third, Home*
Länge, Breite, Tiefe, Zeit
Forscher, Künstler, Richter, Krieger

Vor einigen Jahren schrieb ich ein Buch mit dem Titel *A Whack on the Side of the Head* (Deutsch: *Denkanstoß*). Die Grundidee war, daß wir alle mit der Fähigkeit zum schöpferischen Denken geboren sind, aber wenn wir erwachsen werden, entwickeln wir Einstellungen, die diese Kreativität allmählich untergraben. Dazu gehören: „Irren ist falsch", „Mach keinen Unsinn", „Das ist nicht mein Gebiet", „Sei praktisch", und „Befolge die Regeln". Für Vieles was wir tun, sind diese Einstellungen durchaus sinnvoll, aber wenn wir versuchen, neue Ideen zu entwickeln, blockieren sie unser Vorstellungsvermögen. Aus diesem Grund habe ich sie *geistige Sperren* genannt und einige Hinweise gegeben, wie man sie öffnen kann. *Whack* stieß auf großes Interesse, und ich erhielt viele Kommentare und Ideen von Lesern aus der ganzen Welt.

Dieses Buch, *Der Kreative Kick*, repräsentiert mein fortgesetztes Studium des kreativen Denkprozesses. Die Grundidee ist die, daß es nicht nur eine Methode des Denkens gibt, sondern eine Vielfalt davon. Um als kreativer Denker erfolgreich zu sein, ist es notwendig, daß Sie während jeder einzelnen Phase des schöpferischen Prozesses eine jeweils andere Rolle im kreativen Denken einnehmen. *Kick* handelt von diesen verschiedenen Rollen.

Der Titel dieses Buches sowie der seines Vorläufers, bezieht sich auf meine Überzeugung, daß es, wenn sich jemand erst einmal in bequemer Routine niedergelassen und eingerichtet hat, außergewöhnlicher Maßnahmen bedarf, die ihn oder sie veranlassen, sich aufzuraffen und zu sagen: „Ich werde etwas anderes versuchen."

---

* Gemeint ist ein *Homerun* im amerikanischen Baseball über first, second und third base – Anm. d. Übersetzerin.

Ich danke den folgenden Personen für ihre Anregungen zu diesem Buch: Doug King, Jim Hornthal, Bob Wieder, Wiley Caldwell, Mitch Kapor, Dave Liddle, Mary Granius, Kathy Seligman, Lance Shaw, Nancy Parker, Bob Metcalfe, Alan Cooper, Linda Vlasic, Jack Grimes, Jean Caldwell, Nick Zirpolo, Doug Modlin, Bill Samuels, Bryan Mattimore und Scott Love.

Ich bin ebenfalls dankbar für die Hilfe von Grid Systems (*Kick* wurde auf einem Grid-Computer geschrieben).

Besonderen Dank auch an Bill Shinker und Harriet Rubin bei Harper & Row.

Dankbare Anerkennung für George Willett für seine Illustrationen.

Vor allem möchte ich meiner Familie danken – meiner Frau und Lektorin Wendy, meiner vierjährigen Tochter Athena (die für dieses Buch den Titel *A Kick in the Seat of the Dress* vorschlug) und meinem Sohn Alexander – für die Unterstützung, die sie mir während der Arbeit an diesem Projekt gegeben haben.

Roger von Oech
Halloween, 1985
Menlo Park, Kalifornien

Jacks Besuch beim Ideen-Doktor

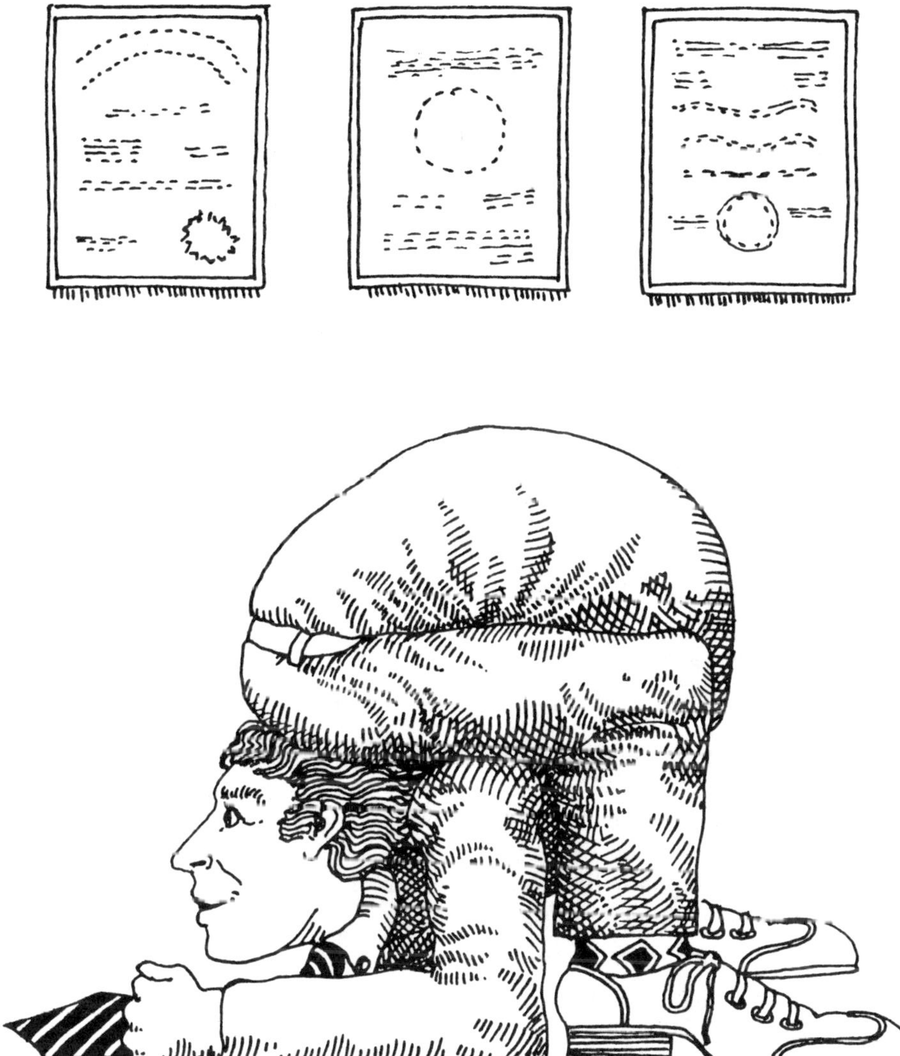

Jacks Besuch beim Ideen-Doktor

Menschen, die sich auf ihren Lorbeeren ausruhen, tragen sie am falschen Ende.

– Malcolm Kushner, Philosoph –

Geistig fühlte sich Jack wie ein verwelkter Kopfsalat. Er kam gerade von einer Konferenz mit seinem Chef und hatte erfahren, daß er die erhoffte Beförderung nicht erhalten würde. Als er über seine Lage nachdachte, wurde es Jack klar, daß seine Leistungen in letzter Zeit nicht besonders gut waren. Er hatte die Termine für einige wichtige Projekte verpaßt, und sein einstmals scharfsichtiger Verstand produzierte banale Lösungen für wichtige Probleme. Er versuchte, seinem Denken wieder etwas Pep zu geben, aber nichts funktionierte. Schließlich ging er zu einem Ideen-Doktor und bat ihn um Hilfe.

„Ich scheine es einfach nicht mehr zu bringen", erklärte Jack.

„In Ordnung, ich werde Ihnen ein paar Fragen stellen, damit ich verstehe, was Ihr Problem ist", antwortete der Doktor.

„Zuerst, haben Sie sich in letzter Zeit mal vorgewagt und irgend etwas riskiert?"

„Nicht, daß ich wüßte", antwortete Jack.

„Haben Sie nach dem ‚Was-Wäre-Wenn' gefragt, um den Horizont Ihrer Vorstellungskraft zu erweitern?"

„Ich war zu beschäftigt."

„Waren Sie geistig unvoreingenommen, wenn Sie neue Ideen beurteilt haben?"

„Ich weiß, was funktioniert und was nicht."

Die Befragung ging eine Zeitlang so weiter. Schließlich fragte Jack: „Wie ist die Diagnose?"

„Es gibt keinen Zweifel, Sie sind in einem alten Geleise festgefahren", verkündete der Doktor. „Zuerst dachte ich, es sei bloß ein Fall von Hirnbelag, dann hätte ich Ihnen nur eine Hirnbürste verschreiben brauchen. Aber Ihre Lage ist ernster."

„Was, so schlimm?" fragte Jack erstaunt.

„Ja, Sie tragen Ihre Enden verkehrtherum."

„Wie bitte?"

„Sehen Sie, der menschliche Körper hat zwei Enden – eines, um damit schöpferisch tätig zu sein, und eines, um darauf zu sitzen.

Solange Sie aktiv neue Ideen verfolgen, bleibt Ihr kreatives Ende in guter Verfassung. Aber wenn Sie herumsitzen und die immergleichen Dinge tun, sinkt Ihr Hirn in Ihre Kehrseite ab. Das Resultat davon ist, daß sich Ihre Enden verkehren."

Jack wußte, daß der Doktor recht hatte. „Was verursacht das?" wollte er wissen.

Der Ideen-Doktor antwortete: „Um zu vermeiden, daß sie etwas Neues probieren, entwickeln einige Menschen Einstellungen zum kreativen Denken, die sie sicher da festhalten, wo sie sind. Diese Einstellungen sind:

Es ist nicht wichtig.

Ich habe keine Zeit.

Ich weiß die Antwort schon.

Ich bin nicht kreativ.

Diese Einstellungen sind gefährlich, weil sie dazu führen können, daß Sie einige wichtige Dinge verpassen. Zum Beispiel, wenn Sie kreativem Denken gegenüber gleichgültig sind, dann haben Sie es versäumt zu erkennen, daß das Hervorbringen und die Ausführung von neuen Ideen entscheidende Fertigkeiten sind, um in einer sich rapide verändernden Welt zu überleben.

Wenn Sie Ihre Zeit wie ein Feuerwehrmann verbringen – indem Sie Feuer bekämpfen, Routinearbeiten verrichten und es zulassen, daß Ihr Beruf Sie schafft, statt Sie Ihren Beruf – dann ist Ihnen nicht klar, daß Ihr Job leichter sein könnte, wenn Sie sich mit einer kreativen Art der Feuerverhütung beschäftigen würden.

Wenn Sie arroganterweise glauben, daß Sie die richtige Antwort, Strategie oder Herangehensweise schon kennen, werden Sie nicht herausfinden, daß es für das, was Sie tun, einen besseren Weg geben könnte – bis es dann möglicherweise zu spät ist.

Und wenn Ihr Selbstwertgefühl gering ist, ist Ihnen nicht bewußt, daß Sie, gleichgültig ob aus Ihnen der nächste Picasso, Einstein oder die Curie wird, mit der Fähigkeit geboren wurden, die Welt auf eine ganz einzigartige Weise zu erfahren, und Ihre Aufgabe ist es, dieses Potential zu erkennen."

Jack hörte den Erklärungen des Doktors zu, und dann sagte er: „Was Sie mir erzählt haben, klingt plausibel. Ich glaube, daß alle diese Einstellungen mein Denken während des letzten Jahres auf die eine oder andere Art beeinflußt haben." Dann zögerte er einen Moment lang und fragte: „Gibt es eine Hoffnung? Gibt es irgendeinen Weg, wie meine kreativen Kräfte wiedererweckt werden könnten?"

„Ja", sagte der Ideen-Doktor. „Tatsächlich gibt es dieses Heilmittel schon seit Jahrhunderten."

„Geben Sie's mir", sagte Jack.

In diesem Augenblick ging der Doktor auf Jack zu und gab ihm einen Tritt in sein Hinterteil. Jack war für einen Moment lang perplex, aber dann sprang er auf und rief aus: „Ich werde hinausgehen und mir ein paar neue Ideen einfallen lassen. Ich mache, daß etwas passiert." Der Tritt war genau der Ruck, den er gebraucht hatte, um seine Enden wieder in die richtige Position zu bringen.

„Sehen Sie, Jack, manchmal bringt nur ein kreativer Kick, so wie ein Tritt in die Kehrseite, die Leute dazu, etwas Neues zu schaffen. Ich bin froh, daß es bei Ihnen gelungen ist."

„Danke für alles", sagte Jack als er ging.

Die vier Rollen im kreativen Denkprozeß

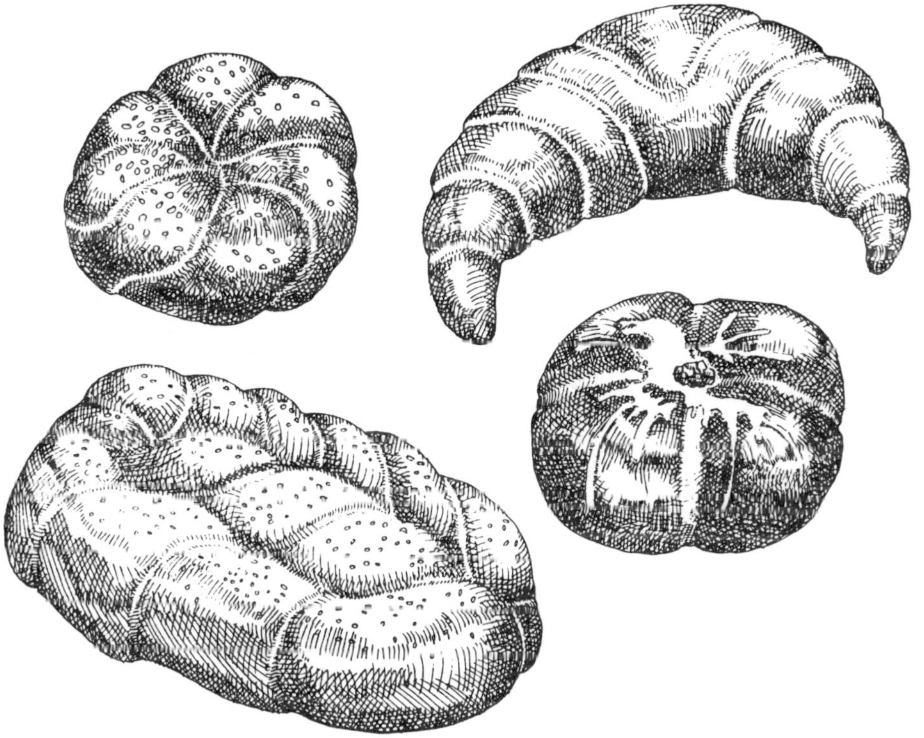

Die vier Rollen im kreativen Denkprozeß

Die ganze Welt ist eine Bühne,
Und alle Männer und Frauen sind nur Schauspieler;
Sie haben ihre Auftritte und Abgänge;
Und ein Mensch in seiner Lebenszeit spielt
viele Rollen.

– William Shakespeare, Dramatiker –

Übung: Wie ist Ihre kreative Leistung in letzter Zeit? (Zutreffendes ankreuzen).

☐ Erstklassig: Jeden Tag entwickle ich neue Ideen und wende sie an.

☐ Mittelmäßig: Gelegentlich habe ich einen neuen Einfall und mache etwas daraus.

☐ Schwach: Ich brauche wirklich einen „kreativen Kick".

So wie viele Menschen haben Sie wahrscheinlich das mittlere Kästchen angekreuzt.* Denken Sie jedoch daran, daß sich die Dinge schnell verändern. Was letzte Woche funktioniert hat, ist möglicherweise nicht die beste Methode, um die Probleme von heute zu lösen, oder um die Gelegenheiten der nächsten Woche zu ergreifen. In einer solchen Umgebung müssen Sie laufend neue Ideen präsentieren. Wenn Sie also möchten, daß Ihre Kreativität eine Klasse besser wird (oder verhindern wollen, daß sie in die Klasse „Sie braucht einen Kick" abrutscht), sollten Sie sich fragen:

Wie kann ich meine kreative Leistung auf Hochtouren bringen?

Mein Rat ist, daß Sie den Forscher, Künstler, Richter und Krieger in sich aktivieren. Versuchen Sie die folgende Übung, um diese Idee kennenzulernen.

---

* Falls Sie das Kästchen „Erstklassig" angekreuzt haben, ist das natürlich großartig, aber vergessen Sie nicht, daß selbst der beste Holzfäller im Wald gelegentlich seine Axt schärfen muß. Also lesen Sie weiter.

Übung: Nachstehend sind vier Fragen aufgelistet. Falls Sie jemals eine der bei jeder Frage angeführten Tätigkeiten ausgeübt haben, kreuzen Sie das Kästchen neben der betreffenden Frage an.

1. Haben Sie jemals: ☐

- an einer Schnitzeljagd teilgenommen?
- den Flügel eines Schmetterlings unter einem Mikroskop oder den kosmischen Staub im Sternbild des Krebses durch ein Teleskop betrachtet?
- eine Marktanalyse für ein neues Produkt durchgeführt?
- an einer Konferenz teilgenommen, die nicht Ihr Fachgebiet zum Inhalt hatte?
- jemandem dieselbe Frage auf drei verschiedene Arten gestellt, um herauszufinden, was die Befragten wirklich dachten?
- in einer Wildnis gecampt?

2. Haben Sie jemals: ☐

- ein Gourmet-Dinner gekocht?
- „So tun als ob" gespielt?
- im Schein des Vollmonds getanzt?
- ein Gedicht geschrieben oder sich einen Witz ausgedacht?
- ein ungewöhnliches Kostüm für eine Fastnachtsparty entworfen?
- sich gefragt, warum Bäume und Flüsse ähnliche Formen haben?

3. Haben Sie jemals: ☐

- preisbewußt eingekauft?
- Noten für eine Aufsatzprüfung vergeben?
- eine Investition gemacht?
- sich entschlossen, ein Kind zu bekommen?
- Ihre Stimme für eine politische Wahl gegeben?
- bei einem sportlichen Ereignis als Schiedsrichter teilgenommen?

4. Haben Sie jemals: ☐

- ein Verkaufsgespräch am Telefon geführt?
- an einem Wettkampfsport teilgenommen?
- eine Firma gegründet?
- jemanden geliebt und verloren?
- einen Vertrag ausgehandelt?
- aktiv eine politische Sache unterstützt?

Wir werden gleich auf Ihre Antworten zurückkommen. Aber zunächst wollen wir uns anschauen, worum es sich bei diesem Konzept vom „Forscher, Künstler, Richter und Krieger" handelt.

Während der letzten Jahre hatte ich Gelegenheit, mit vielen kreativen Menschen zu arbeiten: Computerprogrammierer, Manager, Fernsehproduzenten, Komödianten, Marktstrategen, Journalisten, Wissenschaftler und Designer. Immer wieder habe ich darin, wie sie neue Ideen entwickeln und ausführen, eine Gesetzmäßigkeit entdeckt.

Ich fand heraus, daß das Kennzeichen kreativer Menschen ihre geistige Flexibilität ist. Wie Rennfahrer, die in verschiedene Gänge schalten, je nachdem, wo sie sich gerade auf der Rennstrecke befinden, so sind kreative Menschen imstande, zwischen verschiedenen Denkarten zu wechseln, je nachdem wie es die gerade aktuelle Situation erfordert. Manchmal sind sie offen und eindringlich, dann wieder verspielt und unkonventionell. Bei anderen Gelegenheiten sind sie kritisch und schwer zufriedenzustellen. Und schließlich sind sie verbissen und hartnäckig im Bestreben, ihre Ziele zu erreichen. Daraus habe ich geschlossen, daß der schöpferische Prozeß darin besteht, daß wir vier Hauptrollen annehmen, von denen jede eine andere Denkart verkörpert.

Wir wollen uns das näher betrachten. Diese Rollen sind:

Forscher

Künstler

Richter

Krieger

Zunächst brauchen Sie – als kreativer Denker – das Rohmaterial, aus dem die Ideen gemacht werden: Fakten, Konzepte, Erfahrungen, Wissen, Gefühle und was immer Sie sonst finden können. Sie können nach alledem an den immer gleichen, vertrauten Stellen suchen. Es ist jedoch viel wahrscheinlicher, daß Sie etwas Originelles finden, wenn Sie sich abseits der ausgetretenen Pfade wagen. Sie werden also zum *Forscher* und suchen nach dem Material, das Sie verwenden um Ihre Idee zu konstruieren. Während Ihrer Suche werden Sie in unbekanntes Gelände vorstoßen, auf außergewöhnliche Formen achten und eine Vielfalt an verschiedenen Arten von Information ausfindig machen.

Die Ideen, die Sie zusammentragen, werden so sein, wie die vielen farbigen Glaspartikel am Ende eines Kaleidoskops. Sie mögen ein Muster ergeben, aber wenn Sie sie anders und neu haben wollen, müssen Sie sie ein- oder zweimal drehen. Das ist der Moment, wo Sie die Rolle wechseln und den *Künstler* in sich auftreten lassen. Sie experimentieren mit einer Variationsbreite von Herangehensweisen. Sie folgen Ihrer Intuition. Sie ordnen die Dinge neu, betrachten sie von rückwärts und stellen sie auf den Kopf. Sie fragen nach dem „Was-Wäre-Wenn" und suchen nach versteckten Analogien. Sie dürfen sogar die Regeln brechen oder Ihre eigenen aufstellen.

Aus alledem kommen Sie mit einer neuen Idee hervor.

Nun fragen Sie sich: „Ist diese Idee überhaupt gut?" Ist sie es wert, daß ich sie weiterverfolge? Habe ich die Mittel, sie zu verwirklichen? Um Ihnen bei der Entscheidungsfindung zu helfen, nehmen Sie die geistige Haltung eines *Richters* an. Sie wägen bei Ihrer Beurteilung das Material an Fakten kritisch ab. Sie suchen nach den Nachteilen der Idee und fragen sich, ob das Timing richtig ist. Sie erstellen Risikoanalysen, hinterfragen Ihre Annahmen und vertrauen Ihrem Instinkt. Schließlich treffen Sie eine Entscheidung.

Schließlich ist es Zeit, Ihre Idee in die Tat umzusetzen. Sie müssen sich jedoch darüber im Klaren sein, daß im „wirklichen Leben" nicht jede beliebige neue Idee freudig aufgenommen wird. Schließlich ist die Konkurrenz groß. Also werden Sie zum *Krieger* und kämpfen für Ihre Idee. Als Krieger müssen Sie sowohl General als auch gewöhnlicher Soldat sein. Sie entwickeln Ihre Strategie und verpflichten sich, Ihre Angriffsziele zu erreichen. Sie haben auch die Disziplin, sich durch die Gräben zu schinden. Vielleicht müssen Sie Ausreden, Ideen-Killer, vorübergehende Rückschläge und andere Hindernisse überwinden. Aber Sie haben den Mut, zu tun, was Sie tun müssen, um Ihre Idee zu verwirklichen.

Hier nun also, was ich Ihnen für eine starke kreative Leistung empfehle:

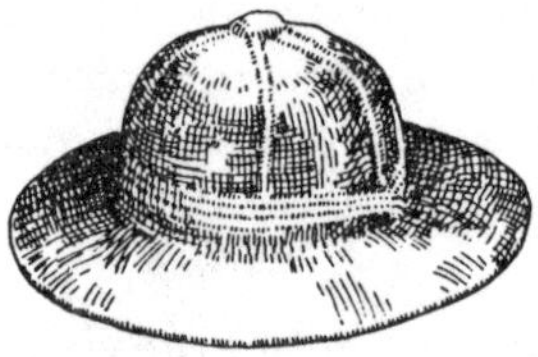

Wenn Sie nach neuen Informationen suchen, werden Sie zum Forscher.

Wenn Sie Ihr Material zu neuen Ideen formen, werden Sie zum Künstler.

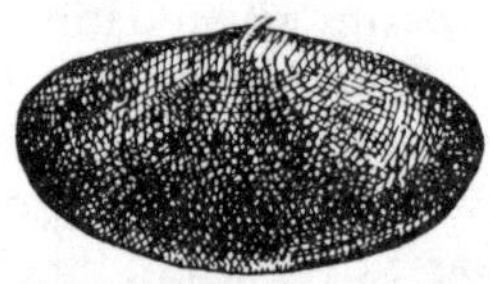

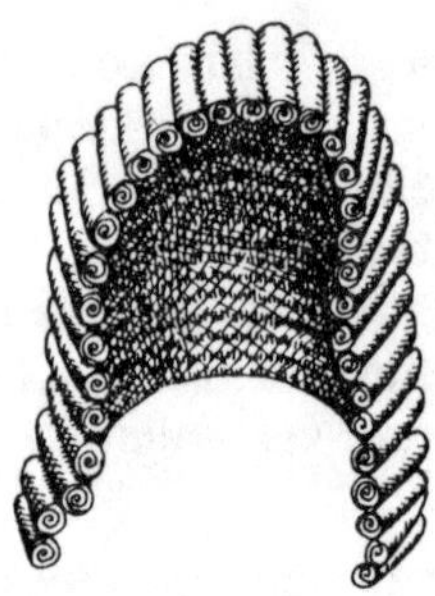

Wenn Sie eine Idee auf ihren Gehalt prüfen, werden Sie zum Richter.

Wenn Sie Ihre Idee in die Tat umsetzen, werden Sie zum Krieger.

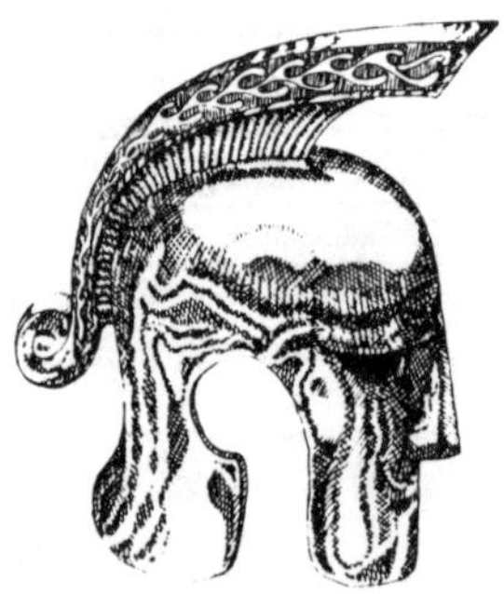

Sind Ihnen diese kreativen Rollen bekannt? Sicher kennt sie jeder zumindest einigermaßen. Kommen Sie nun auf die Übung zurück, die Sie eben gemacht haben. Wenn Sie das Kästchen Nr. 1 angekreuzt haben, dann wissen Sie in Grundzügen, wie man als Forscher denkt. Wenn Sie das Kästchen Nr. 2 angekreuzt haben, haben Sie eine Ahnung davon, wie man als Künstler ist. Wenn Sie das Kästchen Nr. 3 angekreuzt haben, dann wissen Sie, wie es ist, ein Richter zu sein. Und wenn Sie das Kästchen Nr. 4 angekreuzt haben, dann haben Sie den Krieger in sich auftreten lassen.

Diese vier Rollen sind, zusammen betrachtet, Ihr kreatives Team für die Entwicklung und Durchführung neuer Ideen. Natürlich wird das Muster, nach welchem Sie die meisten Dinge hervorbringen, nicht immer diesen linearen Verlauf von Forscher-zu-Künstler-zu-Richter-zu-Krieger nehmen. Für gewöhnlich gibt es da ein reges Umschalten und Wechseln zwischen den Rollen. Zum Beispiel kann der Richter eine Idee an den Künstler zur Weiterentwicklung zurückgeben. Ihr Künstler könnte eine neue Idee präsentieren und dem Forscher sagen, daß er neue Informationen auftreiben soll, um sie zu untermauern. Ihr Krieger wird Ihrem Richter sagen, was vor der Welt besteht und was nicht.

Dazu kommt, daß es nicht *den* richtigen Weg gibt, um kreativ zu sein. Tatsächlich haben alle kreativen Denker ihren eigenen Stil. Vor die Aufgabe gestellt, ein Konzept zu entwickeln oder ein Problem zu lösen, beginnen einige Menschen als Künstler und springen zwischen dem Forscher und dem Richter hin und her, bis sie ihr Ziel erreichen. Andere machen es genau umgekehrt. Im allgemeinen werden Sie jedoch Ihren Forscher eher in den Anfangsstadien des kreativen Denkprozesses aktivieren, Ihren Künstler und Richter eher im mittleren Verlauf und Ihren Krieger zum Abschluß.

Übung: Hier haben Sie nun die Gelegenheit, jede Ihrer kreativen Rollen zu beurteilen:

Wie würden Sie Ihren **Forscher** beurteilen?

- ☐ 1. Meine Freunde nennen mich „Vogel Strauß".
- ☐ 2. Ich sehe nur das, was vor mir liegt.
- ☐ 3. Ich nehme mir Zeit zum Erforschen.
- ☐ 4. Mein Motto ist „Geh und finde es".
- ☐ 5. Kolumbus, Madame Curie und Apollo 11 in einer Person.

Wie würden Sie Ihren **Künstler** beurteilen?

- ☐ 1. Meine Vorstellungskraft ist wie im Gefängnis.
- ☐ 2. Ich kann einer Anleitung folgen.
- ☐ 3. Für gewöhnlich kann ich eine neue Perspektive finden.
- ☐ 4. Teils Zauberer, teils Dichter, teils Kind.
- ☐ 5. Picasso und Einstein, macht Platz!

Wie würden Sie Ihren **Richter** beurteilen?

- ☐ 1. Entscheidungen treffen: was ist das?
- ☐ 2. Mit dem Werfen einer Münze würde ein besseres Ergebnis erzielt.
- ☐ 3. Für gewöhnlich kann ich in einer neuen Idee erkennen, womit man weiterarbeiten kann.
- ☐ 4. Ich habe häufiger recht, als daß ich mich irre.
- ☐ 5. Die Weisheit des Salomon.

Wie würden Sie Ihren **Krieger** beurteilen?

- ☐ 1. Ein ausgemachter Schwächling.
- ☐ 2. Es geht ganz gut, bis ich die eine oder andere Ausrede finde.
- ☐ 3. Wenn ich umgehauen werde, stehe ich wieder auf.
- ☐ 4. Ich bin ein „Macher".
- ☐ 5. Gleichrangig mit Cäsar und Patton.

Warum sprudeln einige Menschen vor innovativen Ideen nur so über, und andere retten sich nur mühsam über die Runden? Lassen Sie uns zwei Hauptgründe für geringe kreative Leistung betrachten: schwache Rollen und ein schlechtes Timing.

Stellen Sie sich vor, welche Folgen es hat, wenn in Ihrem kreativen Team eine Rolle schwach ist. Wenn Ihr Forscher den Kopf in den Sand steckt, werden Sie keine neuen Informationen zur Verfügung haben, die Sie verwerten können. Wenn die Vorstellungskraft Ihres Künstlers blockiert ist, werden Sie schließlich eine mittelmäßige Arbeit leisten, der jeder Schwung fehlt. Wenn das Urteilsvermögen Ihres Richters fehlerhaft ist, dann kann es passieren, daß Sie „Ja" zu etwas sagen, das wertlos ist, und „Nein" zu potentiell guten Ideen. Und wenn Sie einen Schwächling als Krieger haben, dann werden Sie nicht viele Ideen in die Tat umsetzen können. Folglich müssen Sie eine bewußte Anstrengung unternehmen, um all Ihre Rollen in Form zu halten. Die Maxime „Wer rastet, rostet" gilt für kreatives Denken wie für jede andere Aktivität.

Ebenso wichtig wie Ihre kreativen Rollen zu kennen, ist, daß Sie wissen, *wann* sie einzusetzen sind – das Timing ist von größter Bedeutung. Eine Rolle zur falschen Zeit zu aktivieren, indem Sie etwa Ihren Richter dazu verwenden nach Informationen zu forschen, oder Ihren Künstler dazu, Ihre Idee durchzuführen, ist kontraproduktiv. Das wäre so, als ob Sie im Rückwärtsgang auf der Autobahn fahren, oder wie der Versuch, im vierten Gang in eine Parklücke zu stoßen. Wenn Ihr Timing nicht funktioniert, werden Sie nicht viel zustande bringen. Deshalb müssen Sie darauf achten, welche Denkart die jeweilige Situation erfordert und in diese dann wechseln.

Einige Leute haben Schwierigkeiten mit dem Wechseln, weil sie in einer bestimmten Rolle steckenbleiben. Das kann katastrophale Konsequenzen für deren kreative Leistung haben. Wenn Sie zum Beispiel in der Rolle Ihres Forschers steckenbleiben, kommen Sie nie dazu, die Informationen, die Sie gesammelt haben, zu einer neuen Idee zu fügen. Falls Sie in Ihrem Künstler steckenbleiben, verbringen Sie möglicherweise die ganze Zeit damit, Ihre Kreation immer wieder umzuarbeiten, und Sie können sie nicht loslassen. Wenn Sie in Ihrem Richter steckenbleiben, werden Sie Ihren Künstler hemmen und die Idee solange abwägen, bis der Zeitpunkt für eine rechtzeitige Entscheidung verpaßt ist. Und falls Sie in Ihrem Krieger steckenbleiben, werden Sie alles gleich in Aktion treten lassen wollen, ohne darauf zu achten, ob die anderen Rollen ihre Arbeit getan haben oder nicht.

Um eine starke Leistung zu erzielen, sollten Sie Ihre kreativen Rollen entwickeln und sich versichern, daß Sie sie zur angemessenen Zeit aktivieren. In diesem Buch werden wir uns jede einzelne Rolle ansehen und Hinweise zu den Strategien geben, die Ihnen helfen, die Rollen zu entwickeln. Und obendrein macht es Spaß. Ich hoffe, daß es Ihnen einen „kreativen Kick" gibt.

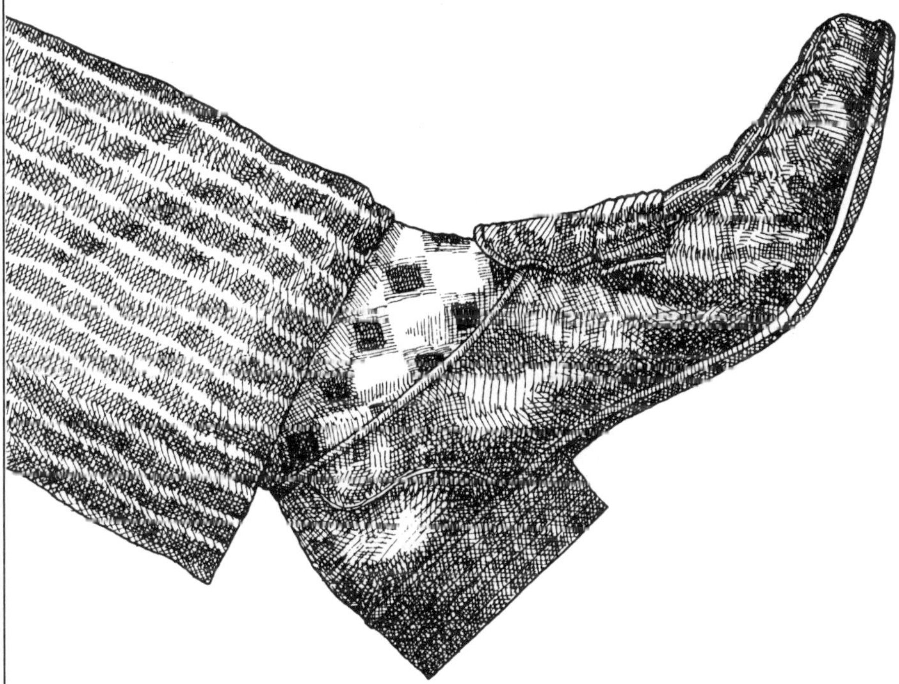

Der Forscher

Ihre Rolle, mit der Sie nach
Informationen suchen

Einblick in die Aussichten nehmen

Ich wanderte im Land umher und suchte Antworten auf Dinge, die ich nicht verstand. Warum sich Muscheln auf den Berggipfeln finden, zusammen mit Abdrücken von Korallen und Pflanzen und Meeresalgen, die für gewöhnlich im Meer vorkommen. Warum der Donner eine längere Zeit dauert als das, was ihn verursacht, und warum der Blitz dem Auge unmittelbar nach dem Zeitpunkt seiner Erzeugung sichtbar wird, während der Donner hundertmal länger für seinen Weg braucht. Wie die verschiedenen Kreise im Wasser sich um die Stelle formen, die von einem Stein getroffen wurde, und warum sich ein Vogel in der Luft hält. Diese Fragen und andere merkwürdige Phänomene haben mein Denken während meines ganzen Lebens beschäftigt.

– Leonardo da Vinci, Renaissance-Mensch –

Um neue Ideen hervorzubringen, brauchen Sie das Rohmaterial aus dem sie gemacht sind: Fakten, Theorien, Konzepte, Regeln, Informationen, Gefühle und Eindrücke. Um Ihnen bei der Suche nach diesen behilflich zu sein, lassen Sie das erste Mitglied Ihres Ensembles auftreten, Ihren Forscher.

Ein guter Forscher weiß, daß die Suche nach Ideen ähnlich ist dem Schürfen nach Gold. Wenn Sie immer an den gleichen alten Stellen suchen, finden Sie nur ausgeklopfte Adern. Aber wenn Sie neugierig sind und in neuen Gegenden herumstöbern, werden Sie Ihre Chancen verbessern, damit neue Ideengänge zu entdecken.

Zum Forschen gehört, daß man sich außerhalb der ausgetretenen Pfade hinwagt. Es bedeutet auch, daß man sich der Umwelt öffnet. Somit hat ein guter Forscher einen „Einblick in die Aussichten". Damit ist die Einstellung gemeint, daß es überall eine Menge guter Informationen gibt, und daß alles was man tun muß, ist, sie zu finden. Mit dem „Einblick in die Aussichten" wissen Sie, daß die verschiedenen Ideen, die Sie finden, das Potential haben, sich auf die eine oder andere Art zu etwas Neuem zusammenzufügen. Wenn Sie zu einem Flughafen gehen, werden Sie dort Ideen finden. Wenn Sie in ein Museum gehen, werden Sie dort ebenfalls Einfälle haben. Und das Gleiche gilt für Eisenwarenhandlungen, Müllabladeplätze, Boutiquen, Büchereien, Parkhäuser, Naturschutzgebiete, Restaurants, botanische Gärten und Klassenzimmer. Tatsächlich ist es so, daß die Idee, die Sie hervorbringen, wahrscheinlich umso origineller ist, je verschiedenartiger Ihre Quellen sind. Dieses Kapitel behandelt einige der grundlegenden Strategien für die Suche des Forschers.

Wissen, was Ihr Ziel ist

Die Kunst weise zu werden, ist die Kunst zu wissen,
was man übersehen kann.

– William James, Psychologe –

Ich möchte lieber einige der Fragen wissen,
als alle Antworten.

– James Thurber, Humorist –

Übung: Finden Sie in untenstehendem Muster die Form eines vollständigen Sterns. Während Sie danach suchen, versuchen Sie, sich darüber bewußt zu werden, welche Suchstrategien Sie verwenden.

Das Leben ist wie eine große, laute Cocktail-Party, wo sich die Leute unterhalten, Gläser klirren und Musik spielt. Aber sogar in diesem ganzen Lärm ist es Ihnen möglich, die Person Ihnen gegenüber zu verstehen. Oder die Person, die sich sechs Meter weit entfernt von Ihnen befindet. Das ist so, weil Ihre Aufmerksamkeit selektiv ist – Sie können bestimmte Dinge einschalten und andere ausschalten.

Schauen Sie sich da wo Sie sitzen um, und finden Sie fünf Gegenstände, an denen etwas Blaues ist. Fangen Sie an und versuchen Sie es.

Wenn Ihr Gehirn auf „Blau" eingestellt ist, werden Sie feststellen, daß das „Blau" Sie geradezu anspringt: ein blaues Buch auf dem Tisch, ein blaues Kissen auf dem Sofa, Blau in dem Bild an der Wand, und so weiter. Ebenso, wann immer Sie ein neues Wort lernen, hören Sie es während der nächsten zwei Tage sechsmal. In ähnlicher Weise haben Sie wahrscheinlich bemerkt, daß Sie, nachdem Sie ein neues Auto gekauft haben, diese Automarke nun überall sehen. (Eine logische Entsprechung dazu erzählte mir ein Mann, der sagte, er hörte auf, überall Buicks zu sehen, als er seinen Buick verkauft hatte.) Das ist deshalb so, weil die Leute das finden wonach sie suchen. Wenn Sie nach einer Verschwörung suchen, werden Sie eine finden. Wenn Sie nach Beispielen für die guten Werke der Menschen suchen, finden Sie auch diese. Es kommt nur darauf an, in welche Bahnen Sie Ihr Denken gelenkt haben.

Lassen Sie uns die Übung mit dem Stern betrachten. Wie sind Sie damit zurechtgekommen? Haben Sie den Stern gefunden? (Nur für den Fall, daß Sie ihn nicht gefunden haben, konzentrieren Sie sich auf das Quadrat in der unteren rechten Hälfte.) Worauf es bei dieser Übung ankommt, ist, daß Sie eine Vorstellung von dem haben müssen, was Sie suchen, damit Sie es finden können. Deshalb ist die entscheidende Frage: haben Sie definiert, was Sie gesucht haben? Ist es ein Stern mit fünf Zacken? Ist es ein David-Stern? Ist es der siebenzackige Stern eines Sheriffs? Ist es ein großer Stern? Ein kleiner Stern? Ist er zusammengesetzt aus sowohl schwarzen als auch weißen Dreiecken? Ein Forscher weiß, daß es wichtig ist, einiges davon zu durchdenken, bevor mit dem Suchvorgang begonnen wird. Wie der Philosoph John Dewey sagte: „Ein gut dargelegtes Problem ist ein halbgelöstes Problem."

Fragen Sie sich selbst: Was versuche ich zu finden?

In andere Bereiche schauen

Jeder kann in einer Boutique nach Mode suchen oder nach Geschichte in einem Museum. Der kreative Forscher sucht nach Geschichte in einer Eisenwarenhandlung und nach Mode in einem Flughafen.

– Robert Wieder, Journalist und Stegreif-Komiker –

Viele gute Ideen wurden deshalb entdeckt, weil jemand in einem Unternehmens- oder Wissenschaftszweig außerhalb seines Bereichs danach gesucht und das, was er dabei fand, auf sein eigenes Gebiet angewendet hat. Dem Football-Trainer Knute Rockne kam die Idee für sein Spielsystem auf dem hinteren Spielfeld, während er der Nummer einer Varieté-Tanzgruppe zusah. Dan Bricklin entnahm das Konzept der „Matrixbilanz" aus der Buchhaltung und machte daraus VisiCalc, das Computerprogramm, aus dem sich die Software-Industrie für Mikrocomputer entwickelte. Militärkonstrukteure entwarfen im Ersten Weltkrieg eine wirksamere Camouflage für Panzer und Gewehre, indem sie die Muster dem kubistischen Kunststil von Picasso und Braque entlehnten. Der Mathematiker John von Neumann analysierte das Verhalten am Pokertisch und entwickelte daraus das Wirtschaftsmodell „Spieltheorie". Der U.S.-Militärcode, der während des Zweiten Weltkriegs verwendet wurde und nicht „geknackt" werden konnte, basierte auf der Sprache der Navajos. Die Brüder Wright waren Fahrradreparateure. Ich habe Werbeleute kennengelernt, die ihre Ideen aus der Biologie hatten, Software-Programmierer, die von Songdichtern inspiriert wurden, und Investoren, die neue Möglichkeiten entdeckten, wenn sie auf Schrottplätze gingen. Es ist deshalb nicht verwunderlich, wenn Thomas Edison seinen Kollegen diesen Rat gab: „Machen Sie es sich zur Gewohnheit, nach neuen und interessanten Ideen Ausschau zu halten, die andere vor Ihnen erfolgreich angewendet haben. Ihre Idee muß nur in der Anwendung auf das Problem, an dem Sie arbeiten, originell sein."

Übung: Bionik ist ein Bereich der technischen Wissenschaft, in dem Funktionen und Systeme aus der Natur „entliehen" und für menschliche Zwecke verwendet werden. Untenstehend sind einige Beispiele dafür aufgelistet. Versuchen Sie, jedes Beispiel aus der Natur mit seiner jeweils daraus entstandenen technischen Anwendung in Verbindung zu bringen, d.h. ordnen Sie der jeweiligen Ziffer den entsprechenden Buchstaben zu:

Beispiel aus der Natur

1. Baumsamen der Ulme: „Flügelstruktur"
2. Fliege: vertikales Abheben
3. Lachs: Organ zum Aufspüren von extrem verdünnten Lösungen aus duftender Flüssigkeit
4. Kante der Großen Klette: Stacheln mit Haken
5. Motte: die Fühler sind ein hochempfindliches Geruchsorgan
6. Schlange: thermoskopisches Sehvermögen, mit dem 0,002 Grad Celsius wahrgenommen werden kann
7. Bambusstiel: aus zwei Teilen zusammengesetzte Faserkonstruktion
8. Bienenstock: sechseckiger Aufbau
9. Augen der Bienen: Segmentfacetten filtern polarisiertes Licht
10. Seehunde: Hörapparat für die Wahrnehmung von Unterwassergeräuschen

Technische Anwendung

A. Vorrichtung zum Aufspüren von giftigen Grubengasen
B. Infrarotphotographie
C. Verbesserte Windmühlenkonstruktion; verbesserte Helikoptersicherheit; verbessertes Skidesign
D. Mit Fiberglas verstärkte Kunststoffe
E. Verbesserte Konstruktion des Unterwasserhorchgerätes
F. Zuverlässiger Himmelskompaß
G. Vorrichtung zum Aufspüren von Schadstoffen im Wasser
H. Senkrecht startendes Flugzeug
I. Basis für einen handelsüblichen Verschluß
J. Stärkere und leichtere Billardtische

Tip: Möglicherweise liegt im Bereich neben dem Ihren ein Juwel von einer Idee. Überschreiten Sie die Grenze und schauen Sie mal.

Nach vielen Ideen suchen

Nichts ist gefährlicher als eine Idee, wenn es die einzige Idee ist, die Sie haben.

– Emile Chartier, Philosoph –

Übung: Was stellt dieses Bild dar?

Als Linus Pauling, dem zweimal der Nobelpreis verliehen worden war, sagte, „Die beste Methode, auf eine gute Idee zu kommen, ist, eine Menge guter Ideen zu haben", beschrieb er damit die niedrige Wahrscheinlichkeitsrate des kreativen Denkens. Die Chancen, daß eine bestimmte Idee helfen wird Ihr Problem zu lösen, stehen nicht allzu gut. Aber je mehr Ideen Sie haben, desto besser sind die Aussichten, Ihr Ziel zu erreichen. Folglich ist es wichtig, so viele „richtige Antworten" zu erhalten, wie Sie bekommen können. Möglicherweise werden Sie sie später nicht alle gebrauchen können, aber diese Entscheidung ist Sache Ihres Richters – und sollte Ihren Forscher nicht einschränken. Und so hat Ihr Forscher die Einstellung, daß alles einen gewissen Wert hat, nichts ist wertlos.

Deshalb macht ein professioneller Photograph so viele Aufnahmen, wenn er ein wichtiges Motiv photographiert. Er macht vielleicht dreißig, fünfzig, hundert oder mehr Aufnahmen. Er wird die Blende, die Beleuchtung, die Filter und so weiter wechseln. Er tut das, weil er weiß, daß von all den Bildern, die er macht, einige wenige gut sein werden. Ein Photograph hat mir erzählt, daß er auf eine Wal-Expedition ging und über 850 Aufnahmen machte. Von diesen waren nur elf „gut" genug, sie seinen Freunden zu zeigen.

Der Computerwissenschaftler Alan Kay (der den Begriff „Personal Computer" prägte) glaubt, daß es sehr nützlich ist, nach vielen Ideen zu suchen.

> Wenn Sie die klügsten Leute nehmen, die Sie kennen und sie zu einem Glas Wein einladen, so daß sie wirklich offen mit Ihnen reden, dann werden Ihnen diese Leute sagen, daß neunzehn von zwanzig Ideen, die ihnen einfallen, nichts taugen. Aber weil sie so viele Einfälle haben, sind sie imstande, auch einige wenige vorzuweisen, die außergewöhnlich sind.

Der Erfinder Ray Dolby (der Mann, der das „Zischen" aus den Musikaufnahmen entfernte) hat eine ähnliche Philosophie. Er sagt:

> Das Erfinden ist eine Gabe, die einige Menschen haben und andere nicht. Aber man kann das Erfinden lernen. Man muß den Willen haben, sich nicht auf die erstbeste Lösung zu stürzen ... denn die wirklich elegante Lösung liegt vielleicht gerade um die Ecke. Diejenigen, die sich am ehesten zum Erfinder eignen, wären solche, die sagen: „Ja, das ist eine Möglichkeit für die Durchführung, aber es scheint nicht die optimale Lösung zu sein." Dann denken sie weiter nach.

Wenn Sie nach mehr als einer Antwort suchen, ermöglichen Sie Ihrer Vorstellungskraft, sich zu erweitern. Was sehen Sie in der Zeichnung, die Sie gerade betrachtet haben? Es sieht aus wie ein Quadrat. Was noch? Was ist mit den vier merkwürdigen Kreisen? Mickey Mouse, die sich im Spiegel betrachtet? Was noch?

Wie verhindern Sie, daß ein Fisch riecht? Sie kochen ihn, sobald Sie ihn gefangen haben. Sie frieren ihn ein. Sie wickeln ihn in Papier. Sie halten eine Katze in der Umgebung. Sie entzünden Räucherstäbchen. Sie lassen ihn im Wasser. Sie schneiden seine Nase ab.

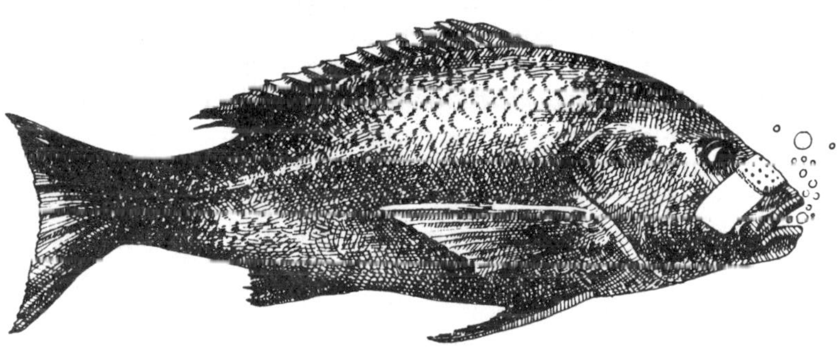

Tip: Sehen Sie über die erste richtige Antwort hinaus.

Eine Sache kann zu etwas völlig anderem führen

Wenn du nicht das Unerwartete erwartest, wirst du es nicht finden, denn es läßt sich nicht erforschen oder erjagen.

– Heraklit, Philosoph –

Alexander Graham Bell versuchte, ein Hörgerät zu erfinden. Kolumbus suchte nach Indien. Colonel Sanders wollte sein Rezept für Hühnchen an Restaurants verkaufen. Der Physiker Karl Jansky improvisierte eine neue Antenne, um damit die Wirkung von Telephonstörungen zu untersuchen. Statt dessen entdeckte er damit Radiowellen aus der Milchstraße und half im weiteren Verlauf, die Wissenschaft der Radioastronomie zu begründen. Oft führt uns das, wonach wir suchen, zu etwas ganz anderem. Deshalb ist es für den Forscher wichtig, daß er bereit ist, sich auf Abwege führen zu lassen. Es ist Sache des Richters, sich an das „Machbare" zu halten – nicht die des Forschers.

Ich habe einmal den Mitbegründer von Apple Computer, Steve Jobs, gefragt, warum einige Menschen kreativer sind als andere. Er antwortete: „Innovation ist für gewöhnlich das Resultat der Verbindung von vorhergegangenen Experimenten – und Glück. Aber wenn Sie die gleichen Erfahrungen haben wie alle anderen, dann schauen Sie wahrscheinlich nicht mehr in eine andere Richtung. Ich besuchte zum Beispiel das Reed College in Portland. Dort nahmen die meisten Männer Unterricht in Modernem Tanz bei einer Frau mit Namen Judy Massey. Wir taten das, um Frauen kennenzulernen. Ich habe gar nicht bemerkt, wieviel ich in diesem Unterricht über Bewegung und Wahrnehmung gelernt hatte, bis ich einige Jahre später für Nolan Bushnell bei Atari arbeitete. Ich war imstande, mich darauf zu beziehen, wie sehr man ein Bewegungsmuster zerlegen muß, um die Dinge für Videospiele auf eine bestimmte Art und Weise wahrnehmen zu können." Jobs versuchte, ein Rendezvous zu bekommen und machte statt dessen schließlich die Feinabstimmung für das Videospiel „Breakout" (was ihm wahrscheinlich eine Menge von Rendezvous eingebracht hat).

Denken Sie daran, wie oft bei Ihnen selbst eine Sache zu etwas anderem geführt hat. Wie kamen Sie dazu, sich für Ihren Arbeitsbereich zu interessieren? Wie haben Sie Ihren Partner kennengelernt? Denken Sie an die Besuche in der Bücherei, wenn Sie nach einem bestimmten Buch gesucht haben, und dann haben Sie im Regal hinter sich etwas gefunden, das sogar besser und anregender war. Das meint auch der Schriftsteller Franklin Adams, als er sagte: „Ich stelle fest, daß ein großer Teil meiner Informationen so erlangt wurde, daß ich etwas nachgeschaut habe und dabei etwas anderes fand."

Tip: Erwarten Sie das Unerwartete. Seien Sie geistig offen gegenüber Dingen, die mit dem Problem, das Sie zu lösen versuchen, nichts zu tun haben. Das führt möglicherweise zu der Information, die der Entwicklung Ihrer Idee die entscheidende Wende gibt. Hier sind einige Hinweise für das, was Sie machen könnten: Abonnieren Sie eine ungewöhnliche Zeitschrift – vielleicht eine aus dem entgegengesetzten politischen Spektrum. Verbringen Sie einen Vormittag in einer Grundschule oder den Nachmittag in einem Seniorenheim. Gehen Sie zwei Stunden früher zur Arbeit. Kratzen Sie etwas Geld zusammen und kaufen Sie einen Anteil an Aktien von Firmen aus drei unterschiedlichen Industriezweigen. Machen Sie eine Probefahrt in einem exotischen Auto. Besuchen Sie eine Sitzung des Stadtrats. Graben Sie ein paar alte Zeitschriften aus den 40er und 50er Jahren aus. Probieren Sie ein indonesisches Rezept. Studieren Sie die Geschichte des Altertums.

Verlagern Sie den Mittelpunkt Ihres Interesses

Übung: Ich habe die ersten zehn Buchstaben des Alphabets in zwei Gruppen unterteilt.

Gruppe 1:	A	E	F	H	I
Gruppe 2:	B	C	D	G	J

Nach welcher Gesetzmäßigkeit unterscheiden sich diese beiden Gruppen? Wenn Sie es erkannt haben, in welcher Gruppe würden Sie „K" einordnen? Wie ist es mit „R"? Oder „T"?

Ich glaube, daß viel von dem was wir „Intelligenz" nennen, auf unserer Fähigkeit Gesetzmäßigkeiten zu erkennen beruht. Wir erkennen Ähnlichkeiten (stellare Galaxien und Wasser, das in den Abfluß der Badewanne läuft, drehen sich in der gleichen Spiralwindung), Reihenfolgen (die Schaltstufen, die man zum Starten eines Autos betätigt), Herstellungsprozesse (wie man Trauben in Wein umwandelt), Zyklen (der periodisch auftretende Boom und Zusammenbruch des Schweinefleisch-Markts), Verteilung (die große Zahl der Neugeborenen nach dem Zweiten Weltkrieg in den Vereinigten Staaten), Bewegungen (Rauch über der Tragfläche eines Flugzeugs in einem Windkanal), Formen (Risse in getrocknetem Schlamm ergeben üblicherweise Winkel von 120 Grad), Tendenzen (die Bedeutung von jemandem, der auf dem Titelblatt des *Time Magazine* erscheint, hat ihren Gipfelpunkt erreicht), und Wahrscheinlichkeiten (die *San Francisco 49er's* gewinnen normalerweise ihre Heimspiele).

Um die obenstehende Alphabet-Aufgabe zu lösen, mußten Sie herausfinden, an welche Gesetzmäßigkeit ich gedacht hatte, als ich bestimmt habe, ob ein Buchstabe zur Gruppe 1 oder zur Gruppe 2 gehört. Einige Leute sehen sich die Aufgabe an und versuchen, eine Art von logischer Folge zu erkennen. Wenn Sie jedoch nach einer anderen Art von Gesetzmäßigkeit suchen und sich nicht auf die Reihenfolge, in der die Information gegeben wird, sondern auf deren Gestalt konzentrieren, werden Sie bemerken, daß die Buchstaben in der Gruppe 1 nur aus geraden Linien bestehen, während die Buchstaben in der Gruppe 2 sowohl aus geraden, als auch gebogenen Linien bestehen. Folglich würden „K" und „T" zur Gruppe 1 passen, während „R" in die Gruppe 2 gehört.

Tip: Achten Sie auf verschiedene Arten der Information. Dann kommen Sie möglicherweise auf eine Gesetzmäßigkeit, die Sie andernfalls nicht entdeckt hätten. Wenn Sie sich gewöhnlich an der Logik orientieren, konzentrieren Sie sich darauf, wie sich etwas anfühlt. Wenn Sie visuell orientiert sind, konzentrieren Sie sich auf den „Geruch" einer Situation. Es ist nämlich eine Übung, die Spaß macht, wenn man von den verschiedenen Gerüchen in der alltäglichen Umgebung eine „Geruchskarte" anlegt. Hier wäre ein Anfang: was sind die drei Dinge, die Sie jetzt gerade riechen? Bemerken Sie darin eine Gesetzmäßigkeit?

Übersehen Sie nicht das Offensichtliche

Manchmal liegen die hilfreichsten Ideen direkt vor uns. Der bekannte Forscher Scott Love hat es einmal so ausgedrückt: „Nur die Dümmste aller Mäuse würde sich im Ohr der Katze verstecken. Aber nur die Klügste aller Katzen würde daran denken, dort nachzuschauen."

Hier gebe ich Ihnen ein gutes Beispiel dafür, wie den Leuten das Offensichtliche entgehen kann. Wenn Sie die Entwicklung des Fahrrads während der 60er und 70er Jahre des vorigen Jahrhunderts studieren, werden Sie bemerken, daß zu Anfang beide Räder ungefähr die gleiche Größe hatten, mit der Zeit aber das Vorderrad größer und größer, und das Hinterrad bedeutend kleiner wurde. Der Grund dafür war, daß die Pedale ursprünglich direkt am Vorderrad befestigt waren. Da es keine Fahrradkette gab (niemand hatte daran gedacht), war die einzige Möglichkeit, das Fahrrad dazu zu bringen schneller zu fahren, das Vorderrad größer zu machen. Der Höhepunkt dieser Entwicklung war das sogenannte „Penny-Farthing"-Modell, bei dem das Vorderrad einen Durchmesser von fast 1,50 m hatte. Überflüssig zu sagen, daß diese Fahrräder nicht sehr sicher waren.

Das Merkwürdige an dieser Entwicklung ist, daß die Fahrradkonstrukteure die Lösung für ein besseres und sichereres Fahrrad genau vor ihrer Nase hatten. Die Fahrräder selbst wurden nämlich mithilfe der Antriebskettentechnik gefertigt! Schließlich hat jemand aufgesehen, die offensichtliche Verbindung erkannt und gefragt: „Warum verwenden wir die Kette nicht, um damit das Hinterrad anzutreiben?" H.J. Lawson war der erste, der ein solches Modell konstruierte, und es dauerte nur wenige Jahre, bis dieses Modell das „Penny-Farthing"-Modell ersetzte.

Fragen Sie sich selbst: Welche Quellen liegen genau vor mir?

Achten Sie auf die Details

Kleine Dinge können eine große Wirkung haben – besonders wenn man sie mit anderen Dingen in Verbindung bringt, wo sie eine Hebelwirkung entfalten können. Zum Beispiel kann eine geringfügige Veränderung im Wettersystem irgendwo auf der Erde enorme Folgen haben. Im Winter 1982-83 gerieten alle Wetterregeln am Pazifik in Unordnung. Das Resultat davon: todbringende Dürren versengten Indien, Indonesien und Australien, während die Westküste von Nordamerika von gewaltigen Stürmen, Rekordregenfällen und Hochwasser heimgesucht wurde. Monatelang standen die Meteorologen vor einem Rätsel über die Ursache dieser Wetterveränderungen. Schließlich wurde ihnen klar, daß ein *El Nino* – eine leichte Erwärmung des Ozeans vor der Küste von Ecuador – sich unüblicherweise nach Westen ausgebreitet und diese Veränderungen im Pazifik verursacht hatte. Als *El Nino* verschwand, kehrte die Wetterlage in ihren normalen Zustand zurück.

Warum sind Wettkampfschwimmer heute bedeutend schneller als die vor zwanzig Jahren? Sind sie größer? Besser ernährt? Haben ihre Trainer ein besseres Verständnis von der Technik der Schwimmzüge? Das sind alles wichtige Gründe, aber ein Detail, das eine große Wirkung auf den Schwimmsport hatte, ist die Entwicklung der leichtgewichtigen binokularen Schwimmbrille. Da Schwimmer in chlorhaltigem Wasser trainieren, kann ein normaler Schwimmer nur 2.000 bis 3.000 Meter pro Trainingseinheit ohne Augenreizung schaffen. Die Erfindung der leichtgewichtigen Schwimmbrille schützt die Augen der Schwimmer, so daß sie länger und über weitere Distanzen trainieren können. Tatsächlich sind 15.000 bis 20.000 Meter pro Tag nicht ungewöhnlich für Olympiaschwimmer im Training. Unter solchen Bedingungen ist es nicht verwunderlich, daß sich die Zeiten so verbessert haben.

Fragen Sie sich selbst: Was sind einige von diesen kleinen Dingen, die eine große Wirkung auf die Entwicklung meiner Idee haben könnten?

Betrachten Sie das Gesamtbild

Mein Rat an alle, die am Beginn Ihrer Karriere stehen, ist, daß sie versuchen sollen, die bloßen Umrisse von großen Dingen mit ihrem frischen, untrainierten und unvoreingenommenen Verstand zu betrachten.

– Hans Selye, Arzt –

Es ist leicht, sich mit einem Problem so sehr in die Bäume zu vertiefen, daß man den Wald nicht mehr sieht. Ein guter Forscher weiß, wie wichtig es ist, daß man ab und zu einen Schritt zurücktritt und sich die größeren Zusammenhänge dessen was man tut betrachtet.

Eines Tages, in den späten 60er Jahren des vorigen Jahrhunderts, verließ ein Farmer in Iowa seine Felder für eine Stunde, um zuzusehen, wie die transkontinentale Eisenbahn in der Nähe seiner Farm gebaut wurde. Er beobachtete wie die Geleise verlegt wurden. Wenig später fuhr eine Dampflokomotive vorbei. Der Farmer ging zurück zu seinen Feldern und dachte: „Also, darum geht's bei der Eisenbahn: Geleise und Züge." Was hat der Farmer von den Möglichkeiten der Eisenbahn nicht gesehen? Er sah nicht, daß er seine Produkte damit viel schneller auf den Markt bringen konnte, daß er sie zu vielen neuen Märkten bringen könnte, und daß sie, wenn sie einmal dort wären, mit den Produkten von vielen anderen Orten konkurrieren müßten. Er sah nicht den Aufstieg von Chicago, Kansas City, Denver und San Francisco und die Entwicklung des internationalen Handels. Er sah nicht, daß es möglich sein würde, in weniger als einer Woche über den ganzen Kontinent zu reisen, und daß sich das Verhältnis der Menschen zu Entfernung und Zeit ändern würde. Er sah nicht, daß man mehr Meinungen und Ideen austauschen würde, und daß sich mehr und verschiedenere Menschen treffen, verlieben und verheiraten würden. Er sah die Stahlgeleise und die Lokomotive, aber er sah nicht deren Folgen.

In den 30er Jahren dieses Jahrhunderts wurde in Frankreich die Maginot-Linie erbaut – eine Serie von Befestigungen entlang der nordöstlichen Grenze zu Deutschland – um einen schnellen Angriff auf lebenswichtige Industrien zu verhüten. Während dieses Zeitraums beauftragte das französische Parlament einige hochrangige Ausschüsse damit, Berichte zu untersuchen, die besagten, daß Bauunternehmer für die Errichtung von Bunkern der Regierung zu viel berechnet hatten. Diese Ausschüsse haben gute Arbeit geleistet, mit einer Ausnahme. Sie sind nicht einen Schritt zurückgetreten, um die größere Frage nach der strategischen Nützlichkeit der Maginot-Linie selbst zu stellen, welche lautete: „Ist diese Anlage militärisch sinnvoll, wenn man sich den Fortschritt in der technischen Kriegsführung betrachtet?" Hätten sie das gefragt, wären sie zu der gleichen Schlußfolgerung gekommen wie die Deutschen. Diese nämlich umgingen die Maginot-Linie leicht und besetzten 1940 Frankreich.

Anfang der 50er Jahre dachten die Hersteller von Büromaschinen, daß der Markt für Computer klein sei, weil es nur ein halbes Dutzend Firmen und Regierungsstellen gab, die Verwendung für die enorme zahlenfressende Kapazität der Computer hatten. Erst als sie aufhörten, Computer als Hardware zu betrachten und anfingen, über sie als Werkzeuge für „die Bewegung und Umwandlung von Informationen" nachzudenken, entdeckten sie den enormen potentiellen Markt für ihre Produkte.

Fragen Sie sich selbst: Was sind die wesentlichen Folgen meiner Idee?

Töten Sie einen Drachen

Welches sind die Orte, an denen Sie Angst haben, nach neuen Ideen zu suchen? Vor Jahrhunderten, wenn den Kartenzeichnern die erforschten Gegenden ausgingen, bevor ihnen das Pergament ausging, zeichneten sie an den Rand der Schriftrolle einen Drachen. Das war ein Zeichen für den Forscher, welches bedeutete, daß er nun auf seine eigene Gefahr unbekanntes Land betreten würde. Leider nahmen einige Forscher dieses Symbol wörtlich und hatten Angst, in neue Welten vorzudringen. Andere, abenteuerlustigere Forscher, betrachteten den Drachen als ein Symbol für eine günstige Gelegenheit, als das Tor zu neuem, unberührtem Land.

Wir alle haben eine geistige Weltkarte in unserem Kopf, welche die Informationen enthält, mit der wir uns durch die alltäglichen Gefahren leiten. Wie die Karten vergangener Zeiten, tragen unsere Karten auch das Zeichen des Drachen. Es steht für Dinge, die wir, aus welchen Gründen auch immer, nicht tun wollen, oder über die wir nicht hinauswollen. Es könnte die Angst davor sein, vor einem Publikum zu sprechen. Es könnte Angst davor sein, zu einer Party zu gehen, wo man keinen der Anwesenden kennt. Es könnte die Weigerung sein, an einem bestimmten Sport teilzunehmen. Manchmal sind diese Drachen berechtigt. Manchmal jedoch hindern sie Ihren Forscher daran, neue Informationen zu entdecken.

Fragen Sie sich selbst:
Wo sehe ich Drachen? Sind sie ein Zeichen für Gefahr oder für eine günstige Gelegenheit? Und, sollte letzteres zutreffen, sollte ich ihnen nicht ins Auge sehen? Töten Sie einen Drachen ... heute.

Nutzen Sie Hindernisse, um aus eingefahrenen Geleisen auszubrechen

Lassen Sie uns annehmen, daß Sie eine bestimmte Routine haben. Es könnte die Art sein, wie Sie zur Arbeit fahren, das Abendessen kochen oder ein Projekt durchführen. Nun lassen Sie uns annehmen, daß sich auf halbem Weg durch Ihre Routine ein Hindernis in den Weg stellt. Wie gehen Sie damit um? Sie könnten versuchen, es umzuwerfen oder es zu entfernen. Sie könnten an den Anfang zurückkehren oder Ihren Leitgedanken infrage stellen.

Eine andere Herangehensweise wäre, den Weg zu verlassen und nach einem anderen Weg zu Ihrem Ziel zu suchen. Während Sie sich danach umschauen, kann es sein, daß Sie nur einen längeren Weg zu Ihrem Ziel finden. Aber da gibt es die Möglichkeit, daß Sie, während Sie da draußen suchen, etwas finden, das sogar besser ist als das, wonach Sie ursprünglich gesucht hatten, und Sie hätten es nicht entdeckt, wenn Sie nicht von Ihrem Weg gedrängt worden wären.

Viele Jahre lang war in den Vereinigten Staaten die für dreißig Jahre festverzinsliche Hypothek die übliche Art, den Kauf von Immobilien zu finanzieren. Als allerdings Ende der 70er Jahre die Kreditkosten auf über 20% stiegen, war diese Finanzierungsform für die meisten Eigenheimkäufer und -verkäufer nicht mehr akzeptabel. Als ein Resultat davon, daß sie „vom Weg gedrängt" wurden, mußten sie nach Alternativen suchen, und sie fanden Finanzierungsmöglichkeiten wie RRM's (neuverhandelter Ratenkredit), SAM's (Kredite mit geteilter Preissteigerung), „Wickelkredite", Tausch- und Handelsgeschäfte und Darlehen auf Schätzbasis.

Vor nicht langer Zeit wurde die Schwimmhalle, wo mein Schwimmverein trainierte, wegen Instandsetzungsarbeiten für einen Monat geschlossen. Während dieser Zeit mußten die Mitglieder mit verschiedenen anderen Vereinen in der Umgebung trainieren. Als wir einen Monat später wieder zusammenkamen, gab es eine Fülle von neuen Ideen für das Training. Jemand war bei einem Team, das mit kurzen Ruhepausen trainierte, und sie brachte diese Idee ein. Ein anderer kam zurück mit der Idee für ein Herzschlag-Intervalltraining. Wieder ein anderer entdeckte eine neue Art von Beinauftriebstechnik. Alle diese Ideen wurden entdeckt, weil wir gezwungen waren, unsere Routine zu unterbrechen.

Tip: Versuchen Sie, in Ihre Routine „Unterbrechungen" zu programmieren. Ändern Sie Ihre Arbeitszeiten. Nehmen Sie einen anderen Weg zur Arbeit. Hören Sie verschiedene Radioprogramme. Widmen Sie sich neuen und verschiedenartigen Freunden. Versuchen Sie ein anderes Rezept.

Finden Sie die Ideen, die Sie schon haben

Stellen Sie sich vor, daß Sie in der Mitte einer Mansarde sitzen, die mit verschiedenen Gegenständen angefüllt ist, Geräten, Alben und Büchern. Sie haben eine kleine Taschenlampe bei sich. Sie schalten sie ein und richten sie dahin, wo ihr Licht auf ein Photo von Ihnen auf Ihrer Abiturfeier fällt. Ihre Erinnerung beschwört alle möglichen Bilder herauf, die mit Party-Kleidern, langen Nächten und schnellen Autofahrten verbunden sind. Als nächstes lassen Sie das Licht der Taschenlampe kreisen und halten bei einem Kompaß an. Nun beginnen Sie, daran zu denken, wie Sie sich durch eine Wildnis navigieren. Das Licht fällt auf einen anderen Gegenstand, diesmal ist es ein Nußknacker, und Sie denken an Weihnachten.

Ihr Verstand ist wie eine dunkle Mansarde, vollgestopft mit Erfahrungen und Ideen. Die meiste Zeit denken Sie nicht an sie, weil sie nicht von Ihrem kleinen Licht des Bewußtseins angeleuchtet werden. Aber wenn Sie eine Methode wüßten, wie Sie Ihr Licht dazu bringen könnten, in dem Raum umherzuleuchten, könnten Sie mehr von dem entdecken, was Sie haben.

Eine gute Methode, mit der Sie Ihre geistige Mansarde an Erfahrungen in eine Schatzkammer verwandeln können, ist „Auslöser-Begriffe" zu verwenden – Worte, die eine neue Assoziationskette von Ideen in Ihrem Kopf auslösen. Wie Kieselsteine, die in einen Teich fallen, stimulieren sie andere Assoziationen, von denen Ihnen einige helfen könnten, etwas Neues zu finden. Siehe die Liste von potentiellen Auslösern in Tabelle 1.

Tabelle 1: Auslöserbegriffe

	1	2	3	4	5	6	7	8	9	10
001-010	Skelett	Zimmer	Tretmühle	Backofen	Filter	Wurzel	Schläfe	Fenster	Stern	Schreibmaschine
011-020	Tal	Frucht	Bücherei	Geldbörse	Molekül	Batterie	Rüstung	Quelle	Bett	Same
021-030	Irrgarten	Wasser	Luft	Erde	Geld	Gewürz	Glocke	Felsen	Album	Roboter
031-040	Tunnel	Altar	Diamant	Armee	Computer	Tasche	Flut	Bank	Waffe	Bauernhof
041-050	Amöbe	Amboß	Fledermaus	Ballon	Bibel	Scharnier	Pferd	Bild	Trödel	Knoten
051-060	Algebra	Alphabet	Kind	Lampe	Bein	Flüssigkeit	Handbuch	Streichholz	Sex	Database
061-070	Speisekarte	Gefängnis	Monster	Muskel	Nest	Nuß	Opium	Seite	Parasit	Pendel
071-080	Pfeffer	Pille	Satellit	Herde	Ring	Hafen	Prisma	Puzzle	Radio	Mikroskop
081-090	Regenbogen	Ruder	Safe	Soße	Saloon	Schatten	Schaufel	Rauch	Hautausschlag	Horizont
091-100	Eis	Verzeichnis	Schlüssel	Leiter	Erdrutsch	Hebel	Schloß	Maschine	Karte	Matratze
101-110	Meteor	Nebel	Mond	Musik	Netz	Ozean	Sphäre	Farbe	Paß	Parfüm
111-120	Parfüm	Pfeife	Pflanze	Teich	Pore	Gefängnis	Pyramide	Floß	Schallplatte	Fluß
121-130	Seil	Teppich	Sand	Säge	Schraube	Muschel	Unterschrift	Kraut	Strümpfe	Ikone
131-140	Insekt	Küche	Schöpfkelle	Blatt	Bücherei	Erzader	Magnet	Morast	Fleisch	Horoskop
141-150	Nagel	Meter	Geschoß	Motor	Organ	Nase	Zwiebel	Palette	Kieselstein	Stern
151-160	Schraubstock	Kissen	Teller	Schwimmbecken	Briefmarke	Rolle	Steppdecke	Lappen	Rampe	Gewehr
161-170	Roboter	Rose	Sandwich	Lineal	Waage	Manuskript	Schuh	Sirene	Haus	Hieroglyphe
171-180	Geier	Fuge	Drachen	See	Linse	Milch	Webstuhl	Maske	Medaille	Blitz
181-190	Berg	Nadel	Wirbelsäule	Violine	Herzschrittmacher	Seife	Füller	Messer	Klavier	Planet
191-200	Tasche	Dung	Puder	Pumpe	Radar	Regen	Heiligenschein	Gummi	Sattel	Fallschirm
201-210	Tasse	Schule	Programm	Schiff	Haut	Zone	Landstraße	Ball	Zoo	Abzug
211-220	Regenschirm	Kanal	Kristall	Frau	Mann	Kessel	Kanone	Kette	Kordel	Wolke
221-230	Kopie	Kreislauf	Pflug	Ei	Haken	Abfluß	Trommel	Baum	Bombe	Flügel
231-240	Ziehbrunnen	Wasser	Schatz	Flagge	Gitarre	Flut	Nebel	Gabel	Pilz	Möbel
241-250	Gürtel	Klebstoff	Haar	Schablone	Hafen	Spiegel	Kamera	Keil	Welle	Sandpapier
251-260	Brücke	Netzwerk	Treppe	Höhle	Lebensmittel	Kino	Uhr	Krone	Wüste	Schachbrett
261-270	Wasser	Staub	Radierer	Statue	Netz	Fallschirm	Tor	Pumpe	Besen	Flaschenhals
271-280	Antenne	Fußboden	Blume	Lebensmittel	Klotz	Fossil	Vergnügungspark	Tor	Gletscher	Zahnrad
281-290	Gott	Guillotine	Biene	Stöpsel	Decke	Trichter	Buch	Gehirn	Bremsen	Minenfalle
291-300	Falle	Tube	Quelle	Fernsehen	Toilette	Stoßdämpfer	Unkraut	Krebs	Zelle	Jauche
301-310	Kompaß	Kreis	Geheimschrift	Netz	Kleid	Strömung	Umweg	Ohr	Knopf	Gesicht
311-320	Fabrik	Fee	Fächer	Landgut	Feder	Dünger	Feld	Finger	Motor	Flutlicht
321-330	Schaum	Fliege	Fuß	Vogel	Flasche	Loch	Farbe	Schmiere	Erwachsener	Schmiede
331-340	Spiel	Garten	Zahnrad	Gespenst	Glas	Schaubild	Flinte	Rinnstein	Bluterguß	Wanze
341-350	Zirkus	Hammer	Kopf	Herz	Familie	Blase	Säure	Konfekt	Chor	Sprungbrett
351-360	Würfel	Körper	Bohrer	Auge	Familie	Fisch	Zaun	Festival	Film	Feuer
361-370	Scheinwerferlicht	Rahmen	Handschuh	Hand	Lied	Grab	Brechstange	Sphäre	Quadrat	Sonne
371-380	Tisch	Werkzeug	Fährte	Schießscharte	Gemüse	Suppe	Spirale	Schaft	Markt	Torpedo
381-390	Zielscheibe	Teleskop	Verrücktheit	Schwert	Fackel	Zug	Dreieck	Vakuum	Fahrkarte	Thermometer
391-400	Lanze	Schwamm	Magen	Gedächtnis	Spektrum	Telefon	Herd	Wandteppich	Auto	Kaleidoskop

Tabelle 2: Wahllose Zahlen von 1-400

268	107	064	316	127	205	335	239	037	104	338	214	155	096	011	125	216	238	324	318	042	078	134	168	196	212	246	241	361	353	261	192
273	147	121	283	100	247	391	067	204	363	204	135	189	143	172	077	244	163	373	398	259	102	015	298	365	063	291	092	190	384	091	009
003	208	317	306	293	165	356	386	381	017	350	174	394	073	082	103	053	019	024	367	182	038	319	114	132	173	284	375	022	133	083	357
160	341	371	392	080	232	289	098	093	349	029	206	116	090	333	162	138	345	272	178	071	034	191	360	399	311	257	382	200	331	245	234
144	337	281	112	023	326	177	150	152	254	164	211	385	400	253	277	366	027	328	020	278	307	065	325	145	266	084	262	290	252	313	288
312	279	379	260	058	270	005	153	171	358	370	332	040	105	217	311	056	201	314	250	355	322	237	117	195	225	224	235	377	158	240	068
286	089	026	045	271	025	124	226	184	364	378	354	049	012	044	287	146	166	021	255	383	007	120	320	075	057	264	142	101	251	119	292
018	265	352	137	207	303	347	050	110	263	218	193	109	061	380	097	169	186	001	060	035	213	062	269	389	249	047	376	115	294	220	140
236	359	348	214	344	228	088	229	032	300	170	014	221	076	243	069	185	149	154	116	041	388	199	180	329	030	198	028	227	194	276	161
070	151	118	309	031	285	159	013	334	072	267	369	099	111	302	051	148	203	209	187	323	335	008	362	095	054	339	346	330	059	108	136
129	004	122	395	248	274	219	016	340	280	111	156	188	176	175	321	258	086	128	002	351	275	308	230	223	305	231	211	048	202	184	364
207	140	100	021	255	300	007	120	020	075	057	204	142	240	069	105	140	154	046	041	388	100	180	320	030	108	028	227	104	276	161	207
092	190	384	091	009	368	342	295	087	106	003	208	317	306	293	165	270	005	153	171	358	370	332	040	105	217	396	056	201	314	250	355
224	235	377	158	240	068	036	130	043	178	071	034	191	360	399	311	257	382	200	331	245	234	052	197	315	139	141	144	337	281	112	023
164	299	385	400	253	277	366	027	328	020	278	307	053	019	024	367	182	038	319	114	132	173	284	375	022	133	083	357	390	183	282	233
080	232	289	098	093	356	386	381	017	350	174	394	073	082	103	213	062	269	389	249	047	376	115	294	220	079	033	336	070	151	118	309
155	096	011	125	216	238	324	318	042	078	134	168	196	212	246	241	361	353	013	334	072	267	369	099	115	302	051	148	203	209	187	323
339	346	330	059	108	136	327	157	304	242	131	065	325	145	266	084	262	290	252	313	288	210	010	286	089	026	045	271	115	124	226	129
219	016	340	280	111	156	188	176	175	321	258	086	128	002	310	222	167	215	393	312	279	379	260	058	268	107	064	316	127	205	335	239
081	301	397	343	273	147	121	283	100	247	391	067	204	363	094	135	189	143	172	077	244	163	373	398	259	102	015	349	029	206	116	090
101	251	119	292	374	006	123	387	181	018	351	275	308	230	223	305	231	211	048	202	140	179	113	039	126	074	236	359	348	296	344	228
014	221	076	265	352	137	207	303	347	050	110	263	218	193	109	061	380	097	169	186	001	060	035	268	107	064	316	127	205	335	239	037
011	125	216	238	324	318	042	078	134	168	111	212	246	241	361	353	261	192	066	081	301	397	343	273	147	121	283	100	247	391	067	204
172	077	244	163	373	398	259	102	015	298	365	063	291	092	190	384	091	009	368	342	295	087	106	003	208	317	306	293	165	356	386	381
082	103	053	019	024	367	182	038	319	114	132	173	284	375	022	133	083	357	390	183	282	233	256	160	341	371	392	080	232	289	098	093
333	162	138	345	272	178	071	034	191	360	399	311	257	382	200	331	245	234	052	197	315	139	141	144	337	281	112	023	326	177	150	152
253	277	366	027	328	020	278	307	065	325	145	266	001	262	290	252	313	288	310	222	167	215	393	312	279	379	260	058	270	005	153	171
217	324	056	201	314	250	355	322	237	117	195	225	224	235	377	158	240	068	036	130	043	210	010	286	089	026	045	271	025	124	226	184
044	287	146	166	021	255	383	007	120	320	075	057	264	142	101	251	119	292	374	006	123	387	181	018	265	352	137	207	303	347	050	110
300	097	109	100	001	000	035	213	002	209	309	249	147	070	115	294	220	140	170	110	000	120	074	206	060	048	214	044	228	221	220	032
243	069	185	149	154	046	041	388	199	180	329	030	198	028	227	194	276	161	297	372	079	033	336	070	151	118	309	031	285	159	013	334
302	051	148	203	209	187	323	085	008	362	095	054	339	346	330	059	108	136	327	157	304	242	131	129	004	122	395	248	274	219	016	340
175	321	258	086	128	002	351	275	308	230	223	305	231	211	048	202	184	364	378	354	049	012	004	287	146	166	021	255	383	007	120	320
069	185	149	154	046	041	388	199	180	329	030	198	028	227	194	276	161	297	372	290	305	003	291	092	190	304	091	009	300	042	295	007
293	165	270	005	153	171	358	370	332	040	105	217	315	056	201	314	250	355	322	237	117	195	225	224	235	377	158	240	068	036	130	043
399	311	257	382	200	331	245	234	052	197	315	139	141	144	337	281	112	023	320	177	150	152	254	104	299	305	400	250	277	300	027	020
024	367	182	038	319	114	132	173	284	375	022	133	083	357	390	183	282	233	256	160	341	371	392	080	232	289	098	093	356	386	381	017
103	213	062	269	389	249	047	376	115	294	220	079	033	336	070	151	118	309	031	285	159	338	214	155	096	011	125	216	238	324	318	042
246	241	361	353	013	334	072	267	369	099	055	302	051	148	203	209	187	323	085	008	362	095	054	339	346	330	059	108	136	327	157	304
266	084	262	215	252	313	288	210	010	286	089	026	045	271	025	124	226	129	004	122	395	248	274	219	016	340	280	111	156	188	176	175
310	222	167	215	393	312	279	379	260	058	268	107	064	316	127	205	335	239	037	104	261	192	066	081	301	397	343	273	147	121	283	100
094	135	189	143	172	077	244	163	373	398	259	102	015	349	029	206	116	090	333	162	138	345	272	101	251	119	292	374	006	123	387	181
223	305	231	211	048	202	140	179	113	039	126	074	236	359	348	296	334	228	088	229	032	300	170	014	221	076	265	352	137	207	303	347
109	061	380	097	169	186	001	060	035	385	400	253	277	366	027	328	020	278	307	065	325	145	266	084	262	290	252	313	288	310	222	167
260	058	270	005	153	171	358	370	332	040	105	217	396	056	201	314	250	355	322	237	117	195	225	224	235	377	158	240	068	036	130	043
045	271	025	124	226	184	364	378	354	049	012	044	287	146	166	021	255	383	007	120	320	075	057	264	142	101	251	119	292	374	006	123
137	207	303	347	050	110	263	218	193	109	061	380	097	169	186	001	060	035	213	062	269	389	249	047	376	115	294	220	140	179	113	039
296	344	228	088	229	032	300	170	014	221	076	243	069	185	149	154	046	041	388	199	180	329	030	198	028	227	194	276	161	297	372	079
309	031	285	159	013	334	072	267	369	009	055	302	051	148	203	209	187	323	085	008	362	095	054	339	346	330	059	108	136	327	157	304
395	248	274	219	016	340	280	111	156	188	176	175	321	258	086	128	002	351	275	308	230	223	305	231	211	048	202	184	364	378	354	049
021	255	383	007	120	320	075	057	264	142	243	069	185	149	154	046	041	388	199	180	329	030	198	028	227	194	276	161	297	372	298	365
091	009	368	342	295	087	106	003	208	317	306	293	165	270	005	153	171	358	370	332	040	105	217	396	056	201	314	250	355	322	237	117

Ich habe die Begriffe aus mehreren Gründen gewählt. Erstens, Sie kennen sie schon, es sind einfache Gegenstände, die Sie in Ihr Denken aufgenommen haben. Zweitens, sie sind alle sichtbar, Sie können jedes von ihnen bereits vor Ihrem geistigen Auge sehen. Das ist ziemlich wichtig, denn kreatives Denken ist in seiner Orientierung sehr stark visuell. Tatsächlich bewies eine Studie mit hundert der führenden Mathematiker, daß sie ihre besten Leistungen zeigten, wenn sie Bilder im Kopf hatten, und nicht, wenn sie an mathematische Symbole dachten. Drittens, und das ist das Wichtigste, diese Begriffe sind „verknüpfungsreich", was bedeutet, daß es leicht ist, an andere Ideen zu denken, die ähnlich sind, oder in gewisser Weise mit ihnen verbunden sind. Zum Beispiel könnten Sie bei „Tasche" an die Hosentasche, die Jackentasche, die Hemdtasche, die Tasche im Billardtisch, an Pita-Brot, Handtaschen und Einmachgläser denken.

Es gibt mehrere Methoden für die Wahl eines Auslöserbegriffs. Eine ist, die Liste durchzusehen, bis Sie einen finden, der Ihnen gefällt. Eine andere ist, Ihre Augen zu schließen und den Finger auf die Seite zu legen. Eine dritte Methode ist, die wahllosen Zahlen zu verwenden, die in Tabelle II aufgelistet sind. Legen Sie Ihren Finger auf eine der Zahlen, und finden Sie dann den entsprechenden Auslöserbegriff. Wenn Ihr Finger bei „137" anhält, ist Ihr Begriff „Magnet".

Denken Sie jetzt an Dinge, die sich mit Ihrem Begriff verbinden. Zum Beispiel, was macht ein Magnet? Es zieht an. Was sind Dinge, die anziehen? Was sind andere Magnete? Eine gute Lage ist ein Magnet für Stadtplaner. Bier ist ein Magnet für Schnecken. Ein schwacher Verteidiger beim Fußball ist ein Magnet für Pässe in seine Richtung. Ein Rock-Star ist ein Magnet für Groupies. Ein Land mit niedrigen Steuern ist ein Magnet für neue Firmen. Andere Assoziationen können auf Dingen basieren, die sich in der Umgebung Ihres Begriffes finden lassen. Wenn Ihr Auslöserbegriff „Schuh" wäre, könnten Socke, Fußboden, Schuhcreme, Galoschen, Teppich, Fußgeruch, der Fuß des Athleten, Treppen, Fußkettchen, Tanzen, etc. naheliegende Dinge sein.

Wie verwenden Sie Auslöserbegriffe, um Ideen hervorzubringen? Eine Methode sie zu verwenden, wäre, einen der Auslöserbegriffe in Verbindung zu setzen mit dem Problem oder der Idee, von der Sie eine andere Perspektive erhalten möchten. Zum Beispiel, während ich dies schreibe, suche ich nach Ideen. Ich ziehe den Auslöserbegriff „Haken", und ich beginne über „Haken" nachzudenken. Ein Haken ist wie ein Aufhänger. Hat das Buch einen Aufhänger am Beginn, um damit die Leser „hereinzuziehen", so daß die Leser aufmerksam werden? Gibt es Aufhänger im ganzen weiteren Verlauf des Buches? Ein Haken ist manchmal ein Widerhaken. Gibt es im Buch (un)beabsichtigte Widerhaken? Im Vaudeville-Theater wurden Haken verwendet, um damit die schlechten Akteure von der Bühne zu ziehen.

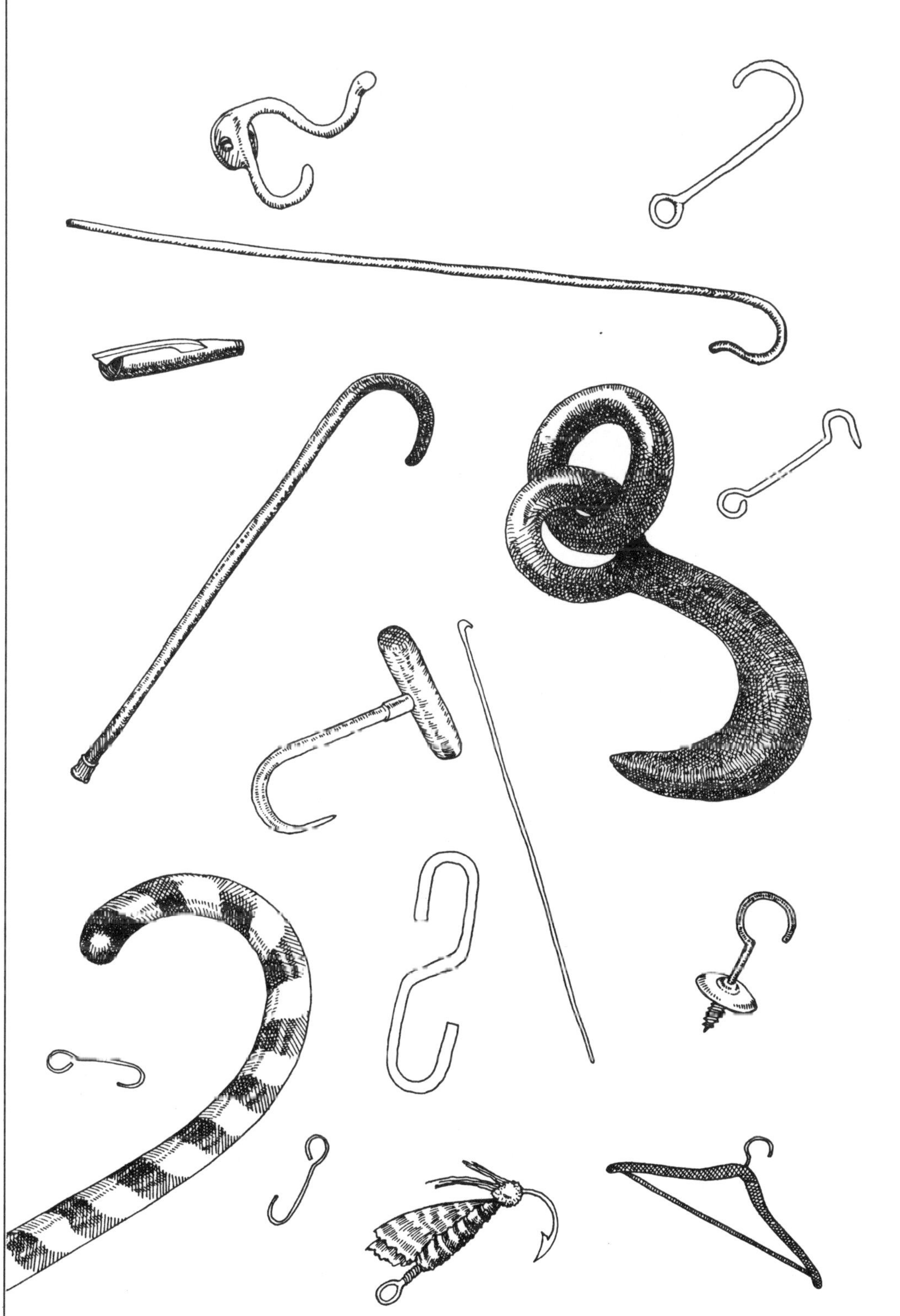

Wie kann ich das vermeiden? Welche Dinge haben auch einen Haken? Ein Spazierstock ist wie ein Haken geformt. Kann ich dieses Buch einem älteren Publikum nahebringen? In den Vereinigten Staaten haben Zuckerstangen einen Haken. Kann ich das Buch rechtzeitig vor Weihnachten zuende bringen?

Suchen Sie das, was Spaß macht

Suchen Sie nach Dingen, von denen Sie persönlich finden, daß sie Spaß machen, und legen Sie davon eine Akte an. Es könnte ein Zitat sein, eine ungewöhnliche Gesetzmäßigkeit, oder eine Regel, die das Leben beschreibt. Vielleicht, irgendwann auf Ihrem Weg, können Sie etwas von dem, was Sie gesammelt haben, verwenden. Weil diese Dinge Spaß machen, können sie dabei helfen, Ihre Idee interessanter zu machen. Hier sind einige Dinge, die ich in meiner „Spaß-Akte" habe.

Ein Viereck für einen Springer

Im 18. Jahrhundert entwarf der Mathematiker Leonhard Euler ein Viereck, in dem jede senkrechte und jede waagerechte Zeile 260 ergibt, und jede Zeile bis zur Hälfte 130. Noch faszinierender ist, daß ein Schach-Springer, der seinen L-förmigen Weg von Feld 1 an beginnt, alle 64 Felder in numerischer Reihenfolge erreichen kann.

1	48	31	50	33	16	63	18
30	51	46	3	62	19	14	35
47	2	49	32	15	34	17	64
52	29	4	45	20	61	36	13
5	44	25	56	9	40	21	60
28	53	8	41	24	57	12	37
43	6	55	26	39	10	59	22
54	27	42	7	58	23	38	11

Schwerkraft verdoppelt und halbiert

Wäre die Schwerkraft verdoppelt, wäre unsere zweifüßige Form eine Fehlkonstruktion. Die meisten Tiere auf der Erde würden Schlangen gleichen. Vögel würden ebenso leiden. Aber, die Insekten hätten es nicht so schwer, und einige der kleineren würden sich kaum verändern. Mikroben hätten keine Mühsal oder Veränderung zu erleiden. Auf der anderen Seite, wäre die Schwerkraft halbiert, sollten wir eine leichtere, schlankere, aktivere Form erhalten, weniger Energie brauchen, weniger Wärme, weniger Lungen, und weniger Blut und Muskeln. Aber die Mikrobe würde davon nicht das kleinste Bißchen profitieren.

– D'Arcy Thompson, Morphologe –

Zerdrückte Eier

Als Kolumbus am königlichen Hof in Spanien war, fragte er die Höflinge, ob sie es schaffen würden, ein Ei auf seine Spitze zu stellen. Die Höflinge versuchten es immer wieder, aber sie schafften es nicht, das Ei aufrecht hinzustellen. Kolumbus kochte dann das Ei und drückte es mit der Spitze nieder. Die Höflinge sagten: „Das ist nicht gerecht, du hast die Regeln verletzt." Kolumbus antwortete: „Alles ist gerecht, nachdem man es einmal getan hat."

Erdbeerkuchen für 25.000 Gäste

Haben Sie sich jemals gefragt, warum große Projekte gewöhnlich zu unvorhergesehenen Schwierigkeiten, Verzögerungen und Kopfschmerzen führen? Hier ist eine Erklärung. Angenommen, Sie haben ein Rezept für Erdbeerkuchen, der für vier Leute reicht. Eines Tages laden Sie sieben Freunde auf diesen Nachtisch ein. Um den Kuchen herzustellen, verdoppeln Sie einfach die Mengenangaben des Rezepts. Jetzt stellen Sie sich vor, Sie laden 25.000 Ihrer engsten Freunde zum Erdbeerkuchenessen ein. Der schwierigste Teil des Problems ist nun nicht mehr im Rezept angegeben. Das beinhaltet Terminkäufe von Erdbeeren auf dem Warenmarkt, mit Lastwagenfahrern handelseinig zu werden, damit sie genug Sahne liefern, große Mengen an Schüsseln, Löffeln, Tischen und Stühlen zu mieten und die Koordinierung des Güterverkehrs. Dasselbe passiert bei großen Projekten: es treten Dinge auf, an die man bei der ursprünglichen Planung nicht einmal gedacht hatte.

– Jack Grimes, Philosoph –
(bearbeitet von Bob Barton, Computer-Architekt)

Drei Behauptungen

1. Programmiertechnik ist, wie in einem dunklen Raum nach einer schwarzen Katze zu suchen.
2. Systemtechnik ist, wie in einem dunklen Raum, in dem es keine Katze gibt, nach einer schwarzen Katze zu suchen.
3. Wissenstechnik ist, wie in einem dunklen Raum, in dem es keine Katze gibt, nach einer schwarzen Katze zu suchen, und jemand ruft: „Ich hab sie!"

– vom Schwarzen Brett bei Syntelligence Corporation, zitiert von Brock Brower –

Joe Eddy Browns Packpapier-Flieger

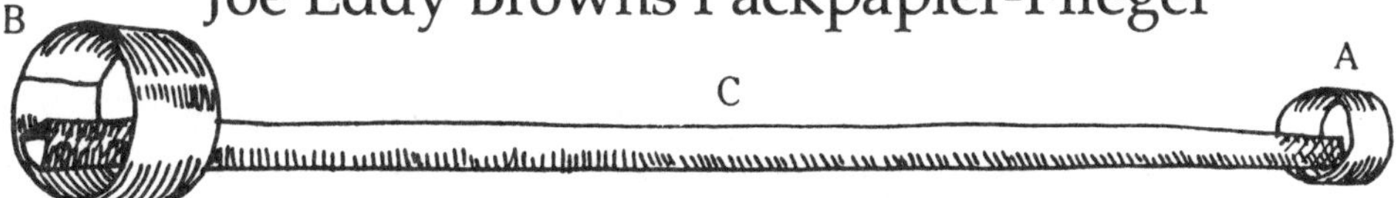

In diese Richtung fliegen →

Hier ist die Anleitung für Joe Eddy Browns Lieblings-papier-Flieger. Zunächst, kopieren Sie diese Seite. Dann schneiden Sie die Rechtecke A, B und C aus. Dann formen Sie A und B in Schleifen und befestigen diese mit Klebstoff oder -streifen an den Enden vom zusammengefalteten C. Jetzt lassen Sie es fliegen. Versuchen Sie, mit verschiedenen Längen zu experimentieren.

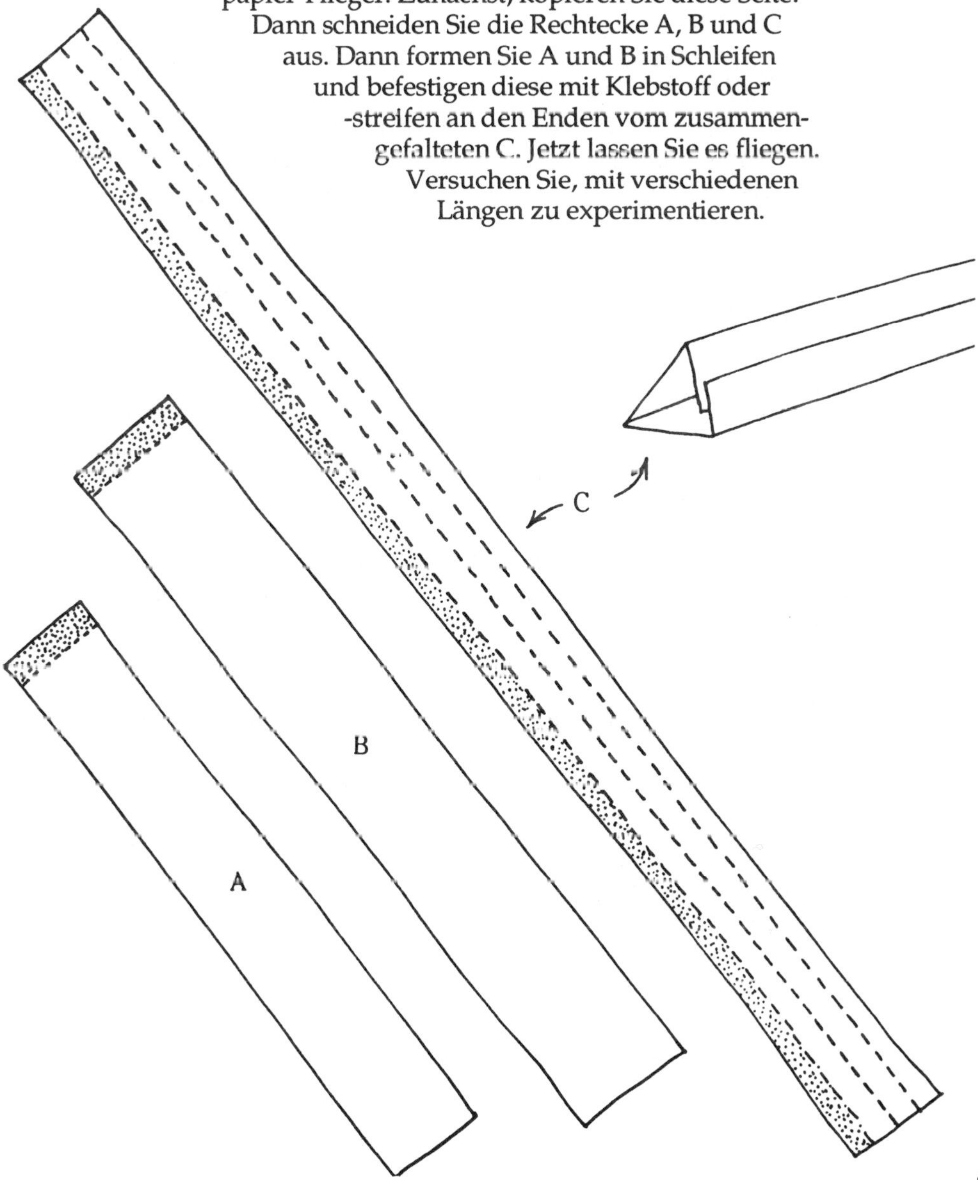

Die Lebensregeln des großen Al Juodikis

- Wenn Jack verliebt ist, kann er Jills Schönheit nicht beurteilen.
- Zu vieles in der Welt passiert aufgrund der Theorie, daß man als Fünf-Tonner-Diesel keine Verkehrsregeln braucht.
- Es ist schwierig das Bild zu erkennen, wenn man sich innerhalb des Rahmens befindet.
- Man trifft oft auf seine Bestimmung auf dem Weg, auf dem man ihr entgehen wollte.
- Wenn es darum geht, Ihnen zu helfen, gibt es Leute, die vor nichts haltmachen.
- Nachdem die Kniffe des Geschäfts gelernt wurden, glauben manche, daß sie das Geschäft kennen.
- Einer von diesen Tagen ist keiner von diesen Tagen.
- Wir hören und begreifen nur das, was wir schon wissen.
- Das Leben ist, wie wenn man ein Geigensolo spielt und währenddessen das Instrument lernt.
- Der Hund, der umhertrottet, findet einen Knochen.
- Der Mann, der darauf wartet, daß die Dinge von selbst eintreten, hat seine Augen auf den Zehen.

Die Faustregeln des Tom Hirshfield

- Wenn man jedesmal trifft, ist das Ziel zu nah.
- Befassen Sie sich nie mit den Details, bevor Sie sich für eine erste Herangehensweise entschieden haben.
- Formulieren Sie ein Problem sich selbst gegenüber niemals in der gleichen Weise, wie es an Sie herangetragen wurde.
- Der zweite Angriff auf ein Problem sollte aus einer völlig anderen Richtung kommen.
- Wenn Sie ein Problem nicht verstehen, dann erklären Sie es vor einem Publikum und hören Sie sich selbst zu.
- Sie müssen nichts gegen Herangehensweisen haben, mit denen ein Problem in ein anderes Problem verwandelt wird, es ist eine neue Chance.
- Wenn es überraschend ist, dann ist es nützlich.
- Es hilft immer, wenn man das entgegengesetzte Problem analysiert.
- Verbringen Sie einen Teil Ihrer Zeit damit, Ihre Arbeitsmethoden zu analysieren.

Schreiben Sie es auf

Eine neue Entdeckung, eine neue Idee, eine neue Information können sich zu jeder Zeit einstellen. Wenn das der Fall ist, seien Sie bereit, es festzuhalten. Bevor ich mit dieser Übung begann, pflegten mir diese unglaublichen Gedanken durch den Kopf zu gehen – und ich sagte dann zu mir: „Ich werde sie aufschreiben, später, wenn ich einen Stift und Papier habe." Zwei Stunden später, als ich das richtige Schreibzeug hatte, hatte ich die Idee vergessen. Jetzt schreibe ich alle meine Ideen auf, und am Ende eines Tages oder einer Woche sichte ich diese Notizen, um zu sehen, was ich geschrieben habe. Falls sogar 80% davon belanglos oder überflüssig wären, hätte ich doch zumindest die Glanzstücke gerettet.

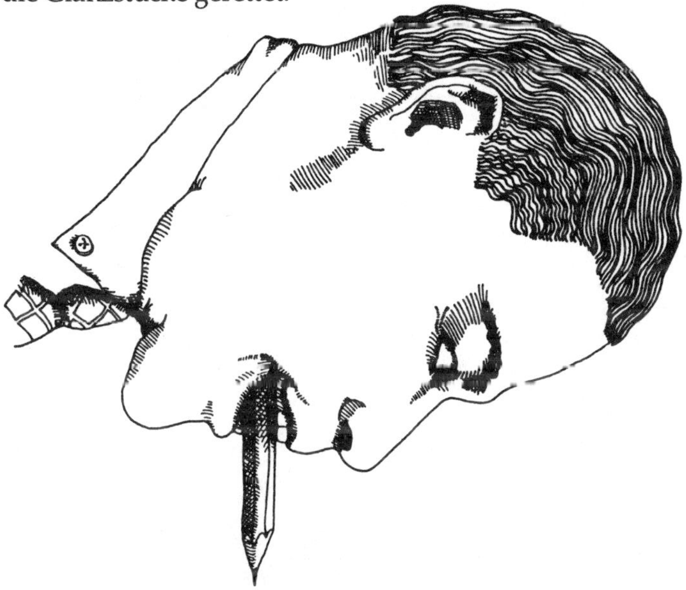

Einer der Gründe dafür, daß wir etwas vergessen, ist, daß unser Gedächtnis „zustandsgebunden" ist. Wenn wir den Zustand ändern, gehen viele von den Assoziationen, die wir dazu hatten, verloren. Eine gute Illustration dafür ist Charlie Chaplins Stummfilm *City Lights*. Ein großer Teil des Films handelt von Charlies Beziehung zu einem betrunkenen Millionär, der dauernd seine Gemütsverfassung ändert. Als sie sich eines Abends zum ersten Mal begegnen, rettet Charlie das Leben des Mannes, als dieser sich gerade umbringen will. Der Mann befreundet sich mit Charlie und nimmt ihn mit zu sich nach Hause. Am nächsten Morgen, als der Mann wieder nüchtern ist, erinnert er sich nicht an Charlie und wirft ihn hinaus. Am nächsten Abend, als der Millionär wieder betrunken ist, erkennt er Charlie wieder und nimmt sich seiner an. Dieser Ablauf wiederholt sich mehrere Male, aber Sie wissen, was ich meine.

Ein Mann hat mir einmal erzählt, daß er jeden Morgen, wenn er in die Dusche steigt, eine, wie er es nannte, „zwanzigminütige geistige Berieselung an Ideen“ hat. Um sicherzustellen, daß er davon keine verliert, kaufte er sich ein Stück Klarsichtfolie und einen Fettstift um sie aufzuschreiben, während er sich in seinem „think tank“ befindet.

Zusammenfassung

Der Forscher ist Ihre Rolle, um zu schauen, zu suchen und zu sondieren. Wenn Sie diese Rolle annehmen, wagen Sie sich abseits der ausgetretenen Pfade, schauen in außerberufliche Bereiche und beachten eine Vielzahl von verschiedenartigen Informationen. Wenn Sie diese Rolle gut spielen, geben Sie die Konstruktion neuer Ideen weiter an den Künstler.

Es gibt verschiedene Gründe dafür, daß einige Leute nicht forschen gehen. Erstens ist es leicht, in der Routine des Alltagslebens steckenzubleiben. Sie können sicher sein, daß es Energie kostet, aus der Routine auszubrechen, aber wenn Sie es nicht tun, bleiben Sie da wo Sie sind eingesperrt und werden nichts Neues finden.

Zweitens riskiert der Forscher, sich zu verirren – oder Schlimmeres. Während es aufregend und belebend sein kann, wenn man etwas entdeckt, das anders oder ungewöhnlich ist, kann es ebenso bedrohlich sein. Es gibt da einige Türen, die sich nie mehr schließen lassen, wenn man sie einmal geöffnet hat, und Sie müssen mit dem, was Sie gefunden haben, leben. Das ist ein Risiko, das Sie akzeptieren müssen.

Ein dritter Grund dafür, sich nicht dem Neuen zu öffnen, ist die Spezialisierung. Um auf einem Arbeitsplatz zu überleben, müssen viele Menschen Experten in immer enger werdenden Bereichen werden. Der Psychologe Abraham Maslow erkannte die Gefahren dieses Phänomens als er sagte:

> Menschen, die nur mit einem Hammer umgehen können, betrachten jedes Problem als einen Nagel.

Das Resultat davon ist, daß diese Menschen nur zögernd „über das Viereck" von dem, was sie kennen, hinausschauen.

Um erfolgreich zu arbeiten, muß Ihr Forscher seine Flexibilität, seinen Mut und seine Offenheit bewahren.

Der Kompaß des Forschers

Seien Sie neugierig.
Nehmen Sie
„Einblick in die Aussichten".

Legen Sie eine Karte für sich an.
Verschaffen Sie sich eine
Vorstellung von dem,
wonach Sie suchen.

Verlassen Sie Ihr eigenes Revier.
Schauen Sie in andere Bereiche,
Wissenschaften und Gewerbezweige.

Zu viel ist nicht genug.
Suchen Sie nach einer Menge von Ideen.

Haben Sie keine Angst davor, auf Abwege geführt zu werden.
Sie werden finden, was Sie nicht gesucht haben.

Unterbrechen Sie Ihre Routine.
Nutzen Sie Hindernisse, um aus dem Trott auszubrechen.

Verlagern Sie den Mittelpunkt Ihres Interesses.
Beachten Sie eine Vielfalt an Informationen.

Übersehen Sie nicht das Offensichtliche.
Was liegt direkt vor Ihnen?

Holen Sie die Lupe heraus.
Große Dinge kommen in kleiner Verpackung.

Was bedeutet das alles eigentlich?
Treten Sie einen Schritt zurück und betrachten
Sie das Gesamtbild.

Töten Sie einen Drachen.
Suchen Sie nach Ideen an Orten, die Sie bisher gemieden haben.

Erinnern Sie sich daran wo Sie waren.
Lösen Sie die Ideen aus, die Sie schon haben.

Stecken Sie Ihren geistigen „Claim" ab.
Schreiben Sie die Idee auf, wenn Sie sie finden.

Der Künstler

Ihre Rolle für die Umwandlung von Informationen in neue Ideen

Übung: Hier ist eine Gelegenheit für Sie, Ihre Vorstellungskraft einzusetzen. Wonach sehen diese Quadrate Ihrer Meinung nach aus? Versuchen Sie, sich mindestens drei verschiedene Gegenstände auszudenken.

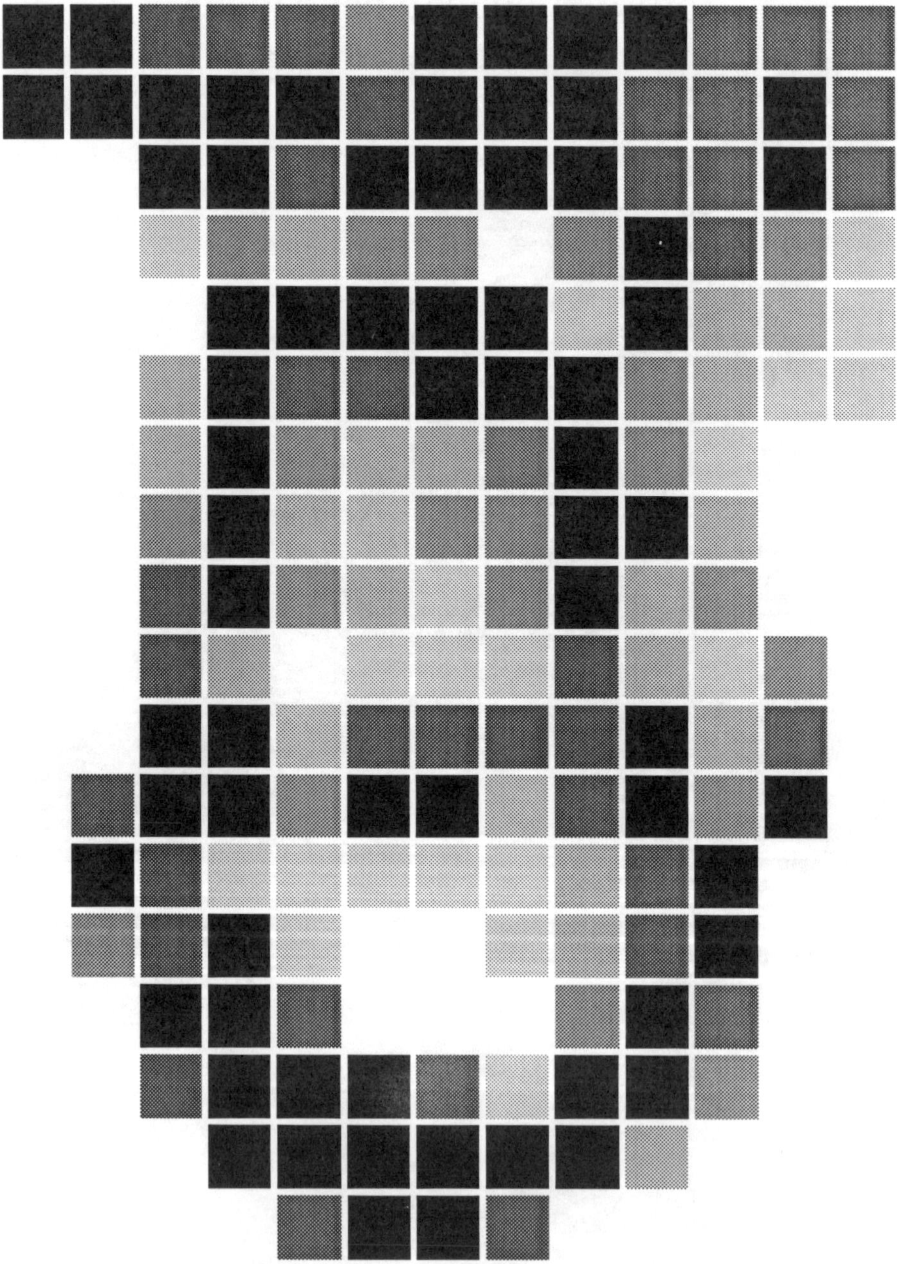

Machen Sie etwas daraus

Es gibt Maler, die verwandeln
die Sonne in einen gelben Fleck,
andere verwandeln einen gelben Fleck
in die Sonne.

– Pablo Picasso, Künstler –

Eine meiner Lieblingswerbeanzeigen wurde in den 60er Jahren von Charles Piccirillo und Monte Ghertler (beide von Coyle Dane Bernbach) entworfen, um damit für die „Woche der öffentlichen Bücherei" zu werben. Die Überschrift bestand aus dem Alphabet in Kleinbuchstaben und las sich so:

abcdefghijklmnopqrstuvwxyz

gefolgt von diesem Werbetext:

In Ihrer öffentlichen Bücherei haben die Verantwortlichen diese Buchstaben so angeordnet, daß es Sie zum Weinen, Kichern, Lieben, Hassen, Staunen, Grübeln und Begreifen bringen kann.

Es ist wirklich erstaunlich, was diese sechsundzwanzig kleinen Schriftzeichen alles können.

Unter Shakespeares Händen werden sie zu *Hamlet*. Mark Twain hat sie zu *Huckleberry Finn* aufgespult. James Joyce verbog sie zu *Ulysses*. Gibbon hämmerte aus ihnen *The Decline and Fall of the Roman Empires*. Milton formte aus ihnen *Paradise Lost*. Einstein fügte ein paar Zahlen und Zeichen hinzu (um Zeit und Platz zu sparen), und sie bildeten die *Allgemeine Relativitätstheorie*.

Die Anzeige fährt fort, die Tugenden des Lesens zu rühmen und erwähnt dann, daß gute Bücher in Ihrer örtlichen Bücherei zur Verfügung stehen. Diese Anzeige hat verschiedene Botschaften, aber für mich ist die wichtigste die, daß kreative Ideen aus der Bildung und Umgestaltung des Quellenmaterials entstehen – gleichgültig wie gering und einfach dieses Material ist.

Um es mit anderen Worten zu sagen, Sie müssen etwas mit den Materialien *machen*, die Ihr Forscher zusammengetragen hat, um ihnen einen Gebrauchswert zu geben. Wie der Künstler Jasper Johns sagte, als er gebeten wurde zu beschreiben, worin der kreative Prozeß besteht: „Es ist ganz einfach, Sie brauchen nur etwas zu nehmen und daraus etwas zu machen, und dann machen Sie etwas anderes daraus. Machen Sie so weiter, und dann haben Sie ziemlich bald etwas."

Der Künstler ist Ihre Rolle, um „etwas daraus zu machen". Sie nehmen das Material, das Ihr Forscher zusammengetragen hat und fragen: „Was wäre, wenn ich dies hinzufügen würde, oder das wegnehmen würde, oder die Regeln außer Kraft setzen würde, oder es von rückwärts betrachten würde, oder ein bißchen verrückt sein würde, oder es mit etwas anderem vergleichen würde?" Und ziemlich bald werden Sie daraus mit etwas hervorkommen. Auf diesem Weg wandeln Sie Rohmaterial in neue Ideen um und machen aus Problemen Möglichkeiten.

Künstler sind überall

Der Künstler ist keine andere Art von Mensch,
aber jeder Mensch ist eine andere Art von Künstler.

– Eric Gill, Philosoph –

Wenn wir an Künstler denken, denken wir oft an Maler, Musiker und Tänzer. Aber die geistige Haltung eines Künstlers, „etwas daraus zu machen", kann von jedem zu seinem oder ihrem eigenen Nutzen angewendet werden. Hier sind einige Beispiele von Künstlern bei der Arbeit.

Die Musiker des Orchesters von Franz Joseph Haydn sind sauer auf den Herzog, weil er ihnen einen Urlaub versprochen hatte, aber diesen schon mehrere Male verschoben hat. Sie bitten Haydn, bei dem Herzog darauf zu dringen, daß sie etwas Freizeit bekommen. Haydn denkt eine Weile nach, beschließt dann, daß die Musik sprechen solle und komponiert die „Abschieds-Symphonie". Die Vorstellung dieses Werks beginnt mit dem gesamten Orchester, aber Haydn hat es so in Partitur gesetzt, daß im weiteren Verlauf immer weniger Musiker benötigt werden. Nachdem jeder Musiker seinen Part zuende gespielt hat, bläst er seine Kerze aus und verläßt die Bühne. Einer nach dem anderen tut dies, bis keiner mehr da ist. Der Herzog hat den Wink verstanden.

Dale Strumpell ist der Sound Designer für den Science Fiction-Film *2010*. Sein Job ist, das Geräusch zu finden, mit dem ein Raumschiff in der Atmosphäre des Jupiter die Geschwindigkeit drosselt. Woher nimmt man ein solches Geräusch? Nun, man spielt ein bißchen herum. Nach einigen Experimenten nimmt er etwas Trockeneis und legt es auf ein Stück Blech. Darunter entzündet er eine Lötlampe und stellt ein Mikrofon in die Nähe. Das schnelle Schmelzen des Eises verschafft ihm genau das Geräusch, nach dem er gesucht hat.

Was ist eine Nanosekunde? Es ist eine Milliardstel Sekunde (10^{-9}), und es ist der Zeitintervall, auf dem die innere Uhr eines Supercomputers beruht. Die Marine-Kommandantin Grace Hopper soll einigen technisch wenig versierten Computerbenutzern die Bedeutung der Nanosekunde erklären. Sie fragt sich: „Wie mache ich ihnen begreiflich, wie kurz eine Nanosekunde ist? Vielleicht sollte ich es als eine Frage des Raumes statt der Zeit betrachten. Ich verwende einfach die Entfernung, die Licht innerhalb einer Milliardstel Sekunde zurücklegt." Sie zieht einen Bindfaden von etwa 30 cm Länge hervor und erklärt ihren Besuchern: „Hier ist eine Nanosekunde."

Wir befinden uns im zweiten Jahrhundert v.Chr., und ein junger griechischer Bibliothekar versucht, eine rationellere Methode zu finden für das Ordnen und Wiederauffinden der Tausenden von Handschriften, die er gelagert hat. „Wie soll ich sie einordnen?" fragt er sich. „Nach dem Sachgebiet? Nach dem Verfasser? Nach der Farbe?" Dann fällt ihm das Alphabet ein. Seine Zeitgenossen betrachten es als eine bloße Reihe von phonetischen Symbolen – *alpha, beta, gamma, delta, epsilon* – die Worte bilden, wenn man sie zusammenfügt. Der Bibliothekar entschließt sich, den linguistischen Charakter zu ignorieren und allein die Ordnung der Buchstaben in bezug zueinander hervorzuheben. Er stellt alle Schriftstücke mit dem Anfangsbuchstaben *gamma* hinter diejenigen mit dem Anfangsbuchstaben *beta*, aber vor die mit dem Anfangsbuchstaben *delta*. Im weiteren Verlauf dessen erfindet er die alphabetische Anordnung, die Grundlage für das Ordnen, Erfassen und Wiederauffinden von Informationen.

Stanley March möchte die Einfahrt zu seiner Ranch in Texas landschaftlich gestalten. Er will auch etwas Aufregenderes dafür als die typischen Pflanzen, Felsen und Sträucher. Er denkt über verschiedene Alternativen nach, und dann sieht er einen Cadillac aus den späten 50er Jahren vorbeifahren, einen von denen mit den riesigen Seitenflossen – die Inspiration hat ins Schwarze getroffen! Es gefällt ihm auf Anhieb, und er kauft ein paar von diesen Autos. Dann vergräbt er sie „kopfüber" schräg entlang seiner Einfahrt im Abstand von etwa sechs Metern, und seine Landschaftsgestaltung ist komplett. Im Lauf der Zeit hat er damit eine Sehenswürdigkeit geschaffen.

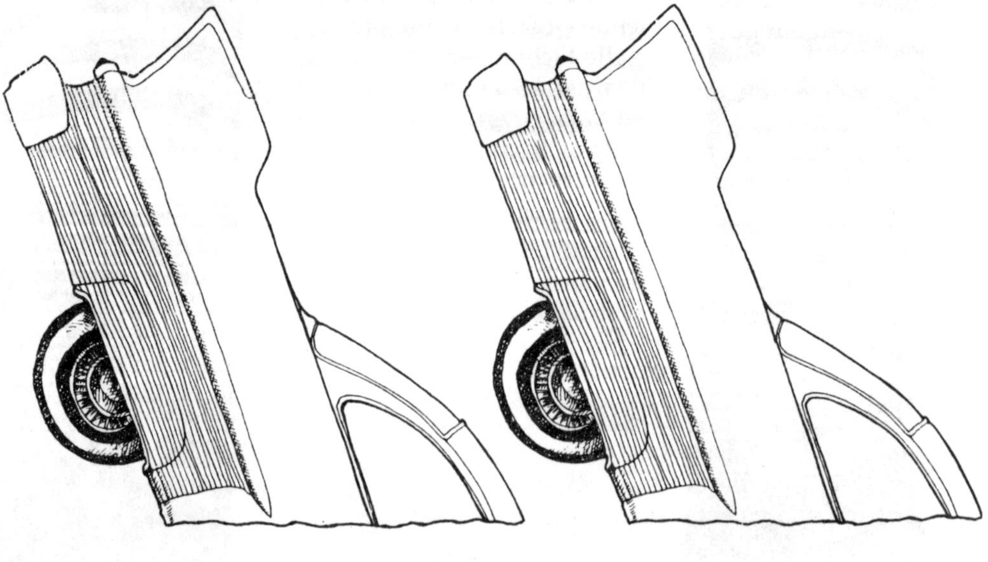

Das ist es worum es geht, wenn man ein Künstler ist: *Vorlagen verändern, die Dinge mit anderen Augen betrachten, und mit verschiedenen Herangehensweisen experimentieren.* Auf diese Art wird aus schmelzendem Eis ein sich verlangsamendes Raumschiff, aus dem Alphabet wird ein Ordnungssystem geschaffen, Arbeitsstreitigkeiten werden in Symphonien verwandelt, Seitenflossen werden zur Landschaftsgestaltung umgeformt, und Nanosekunden werden zum Bindfaden.

Wo wir gerade davon sprechen, „etwas daraus zu machen", wie ist es Ihnen in der Übung mit den Vierecken am Anfang des Kapitels ergangen? Äußerlich erscheint das Bild als eine Reihe von Vierecken in verschiedenen Grautönen. Aber wenn Sie mit der Aufgabe spielen, fallen Ihnen vielleicht Ideen wie diese ein:

☞ eine Decke,
☞ Würfel, die sich kuscheln,
☞ Luftaufnahme vom Ackerland in Nebraska,
☞ sechs Grautöne,
☞ von einem Psychopathen entworfenes Labyrinth,
☞ graphische Darstellung der Bevölkerungsdichte,
☞ Schema für die Wärmeausbreitung.

Alles dies sind gute Beschreibungen. Beachten Sie jedoch, daß jede davon sich auf die Vierecke konzentriert. Wenn Sie das Bild auf den Kopf stellen und ungefähr sechs Meter zurücktreten, werden Sie feststellen, daß Sie nicht weiter die Vierecke beschreiben, sondern etwas anderes – in diesem Fall das Gesicht von Abraham Lincoln.

So wie ein Maler eine Vielzahl von Farben auf der Palette hat, so wird ein guter Künstler über eine Vielzahl von Taktiken verfügen, um das jeweilige Material umzuwandeln. In dieses Kapitel habe ich einige von meinen Lieblingstechniken aufgenommen, mit denen Ideen herbeigeführt werden können.

Diese sind:

Angleichen	Vergleichen
Vorstellen	Beseitigen
Umdrehen	Parodieren
Verbinden	Ausbrüten

Ich möchte Sie dazu ermutigen, alle diese Techniken auszuprobieren und zu entdecken, welche für Sie am besten funktionieren.

Angleichen: Verändern Sie die Zusammenhänge

Übung: Lassen Sie uns einmal annehmen, daß Sie der Vertriebschef bei einer Produktionsfirma sind. Sie erhalten einen Anruf vom Direktor und erfahren, daß das firmeneigene Lagersystem irgendwie durcheinandergeraten ist, und jetzt hat die Firma Kugellagerkugeln im Wert von 1.000.000 Dollar, die sie nicht braucht. Außerdem können Sie sie auch nicht an den Verkäufer zurückgeben. Ihre Aufgabe ist nun, sich einfallen zu lassen, was man mit den Kugellagerkugeln anfangen kann, indem Sie sie entweder einzeln oder in Kombinationen verwenden. Hier sind einige Möglichkeiten:

- Verwenden Sie sie als Masse für Schiffsballast.
- Machen Sie Möbel daraus – so wie Sitzsäcke – die an öffentlichen Plätzen aufgestellt werden. Da sie schwer sind, würden sie nicht gestohlen werden.
- Servieren Sie sie als Kaviar für Roboter (wenn Ihr „Heimroboter" ein paar Freunde zu Besuch hat).
- Nähen Sie sie in Segeltuchwesten und verwenden sie als „Gewichtskleidung" für Läufer im Training.
- Geben Sie sie in den Saum von ungerade hängenden Gardinen und verwenden sie als Vorhanggewichte.
- Benutzen Sie sie als Konfetti bei einem Punk Rock-Konzert.
- Machen Sie Schmuck daraus: Ohrringe, Armreifen und Ketten.
- Verwenden Sie sie für einen Reklametrick: Geben Sie sie in ein Glas und lassen Sie dann raten, wie viele drinnen sind.

Worauf es ankommt ist, daß eine Idee, ein Objekt oder ein Ding – ❍ in diesem Fall eine Kugellagerkugel – eine Bedeutung erhält, je nachdem in welchen Zusammenhang Sie es stellen. Wenn Sie den Zusammenhang ändern, wird es eine andere Bedeutung erhalten. Zum Beispiel, wenn Sie eine Kugellagerkugel aus dem Zusammenhang der „Dinge, die die Reibung vermindern", nehmen und in den der „glänzenden und hübschen Dinge" stellen, erhalten wir alle möglichen Arten von Schmuck und künstlerischen Ideen. Indem wir die Eigenschaften im Zusammenhang mit „Volumen" betonen, können wir an „Gewicht"-Ideen denken, so wie Vorhanggewichte und Ballast für ein Schiff.

Die Zusammenhänge zu verändern ist ein wichtiger Weg, um die Möglichkeiten Ihres Quellenmaterials zu entdecken. Zum Beispiel, ich halte einen Füller. Wenn man es auf die eine Art betrachtet, ist es ein Schreibwerkzeug. Wenn ich es auf andere Arten betrachte, ist es eine Waffe, ein Zeigestab, ein Ohrputzer oder ein Türstopper.

Solange wie ich von dem Gegenstand verschiedene Teile betone und mir erlaube, die Zusammenhänge zu verändern, werden mir neue Ideen einfallen. So erinnere ich mich an den dritten Geburtstag meiner Tochter. Ich schenkte ihr eine kleine Schachtel mit zwölf farbigen Würfeln darin. Sie öffnete das Geschenk und sagte, das sei eine Brieftasche, und die Würfel seien das Geld. Dann schichtete sie die Würfel auf, und sie wurden ein Geburtstagskuchen. Und so ähnlich ist es, wenn Sie an den ersten Menschen denken, der Sägespäne betrachtete und dachte: „gepreßter Feuerscheit", oder der sich petrochemischen Abfall ansah und dachte: „Knetmasse", oder der eine Artischocke sah und dachte: „Nahrungsmittel".

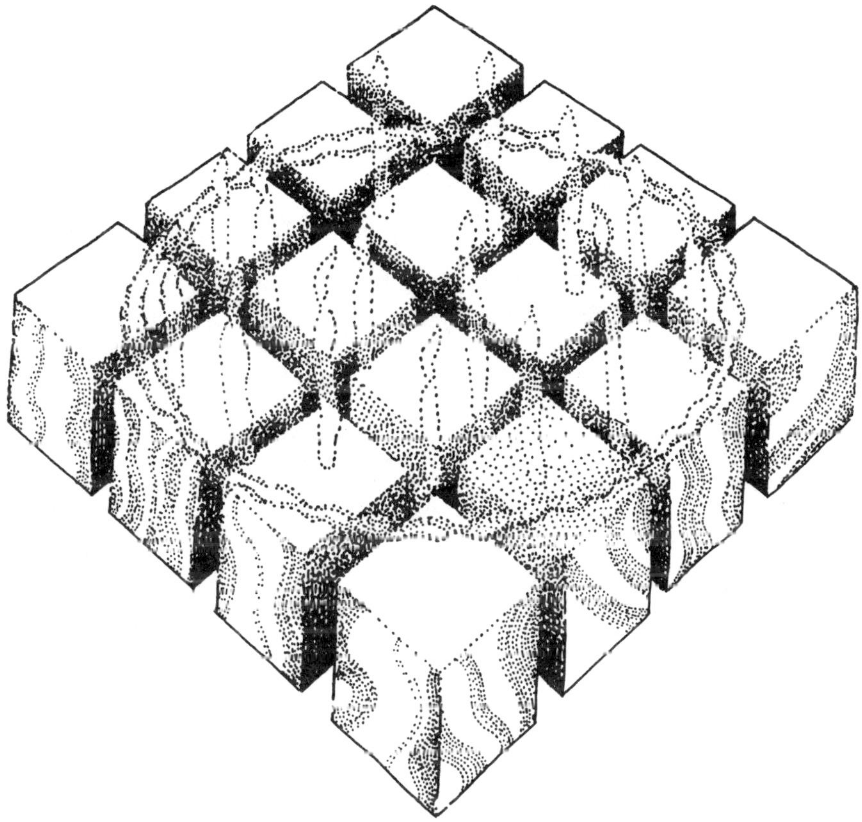

Übung: Untenstehend ist die römische Ziffer sieben gezeigt. Verwandeln Sie sie in eine acht, indem Sie nur eine einzige Linie hinzufügen.

VII

Das ist ziemlich leicht. Alles was Sie tun müssen, ist, eine senkrechte Linie an die rechte Seite der VII hinzuzufügen, um eine acht zu bilden, so: VIII. Wollen Sie etwas, das Sie mehr fordert? Untenstehend ist eine römische neun gezeigt. Machen Sie daraus eine sechs, indem Sie nur eine einzige Linie hinzufügen.

IX

Einige Leute ziehen eine waagerechte Linie durch die Mitte, nehmen das Zeichen seitenverkehrt, und decken dann die untere Hälfte ab. Dadurch erhalten Sie eine römische VI. Eine eher künstlerische und sprachbegabte Lösung wäre, vor das Zeichen IX ein „S" zu schreiben, um daraus „SIX" zu machen. Was wir hierbei gemacht haben, ist, daß wir das Zeichen IX aus dem Zusammenhang der römischen Zahlen gelöst und in den Zusammenhang der „arabischen Ziffern, ins Englische buchstabiert", gesetzt haben. Das, was einige Menschen davon abhält dies zu tun, ist, daß sie sogar mit nur drei Beispielen von römischen Zahlen – VII, VIII und IX – in den Zusammenhang von römischen Zahlen eingesperrt werden.

Einer der Hinweise des Forschers ist, nach der zweiten richtigen Antwort zu suchen. Fallen Ihnen irgendwelche sonstigen Wege ein, wie Sie eine einzige Linie an das Zeichen „IX" hinzufügen und daraus eine sechs machen können?

IX

Eine andere Lösung wäre, die Linie „6" hinter das Zeichen IX zu setzen. Dann erhalten Sie IX6, oder ein mal sechs. Hier steht das „X" nicht mehr für „10" oder den Buchstaben „X", sondern für das Malzeichen. Jeder hat eine Menge an Wissen. Indem Sie die Zusammenhänge ändern, in denen Sie darüber nachdenken, werden Sie neue Ideen entdecken.

Vorstellen: Fragen Sie nach dem „Was-Wäre-Wenn"

Übung: Was wäre, wenn Hundefutterhersteller unverdauliche Zusätze – zum Beispiel Petunien- oder Ringelblumensamen – in ihre Produkte geben würden? Dann würden Hunde zu einem Beförderungssystem werden, indem sie herumgehen und Blumen pflanzen und düngen würden. Ein anderer Zusatz könnte ein ungiftiges fluoreszierendes Material sein. Das wäre besonders zweckdienlich in Städten bei Nacht, wo die Fußgänger dann wüßten, daß das Objekt, das vor ihnen in der Dunkelheit leuchtet, etwas ist, in das sie nicht hineintreten möchten. Welche anderen Zusätze fallen Ihnen ein?

Ich habe eine Freundin, mit der ich mich über den kreativen Denkprozeß unterhalte. Sie findet meine Ideen interessant, aber glaubt, daß „das, was wirklich in der inneren Kammer des kreativen Denkens vor sich geht, nicht von Zauberei zu unterscheiden ist". Sie bringt da ein gutes Argument. Wenn Sie aufhören darüber nachzudenken, ist Ihr Denken wie eine Zauberei. Wir können an alles denken, von hypothetischen Elementarteilchen und der Quadratwurzel von -1 bis zu Phantasieplaneten und Traumurlauben. Es ist die magische Fähigkeit über imaginäre Ideen nachzudenken, die dem Künstler viel von seiner Stärke gibt.

Eine unkomplizierte Form diese Denkart einzusetzen, ist einfach zu fragen,

Was wäre, wenn__________________?

und dann füllen Sie die leere Zeile aus mit einer Situation, die es entweder gar nicht oder in Wirklichkeit nicht so gibt. Vergessen Sie, daß Sie praktisch sein sollen. Sie sollten vielmehr so phantasievoll sein wie möglich. Oft haben wir so viele Voraussetzungen darüber angehäuft, wie die Dinge sein sollten, daß wir sie nur mit einer ungewöhnlichen „Was-Wäre-Wenn"-Frage umgehen können. Der nächste Schritt ist, diese Frage zu beantworten. Während Sie dies tun, denken Sie daran, Ihren Richter auf Abstand zu halten, und enthalten Sie sich einer kritischen Beurteilung. Und zwar deshalb, weil viele der Ideen, die Ihnen einfallen, zwar möglicherweise nicht sehr praktikabel sind, diese unbrauchbaren Einfälle jedoch als Sprungbretter zu verwertbaren, kreativen Ideen dienen können. Manchmal können verrückte, alberne oder merkwürdige Einfälle zu brauchbaren Ideen führen, und die einzige Möglichkeit, wie Sie diese finden, ist, über das Sprungbrett zu gehen.

Zum Beispiel, nehmen wir an, Sie sind ein Architekt der versucht, sich Gestaltungsideen für ein neues Bürogebäude einfallen zu lassen, und Sie fragen sich: „Was wäre, wenn das Äußere der Gebäude mit Pelz bedeckt wäre, wie bei Tieren? Wären sie dadurch besser zu beheizen oder zu kühlen? Vielleicht würden sie den Pelz im Sommer verlieren. Vielleicht könnten sie so gestriegelt werden, daß sie die Gemütsverfassung ihrer Bewohner widerspiegeln würden. Militärbasen könnten einen Bürstenschnitt erhalten. Seniorenheime könnten grau eingefärbt werden. Studentenwohnheime könnten langes Haar haben." Damit spielen Sie eine Weile, und dann springen Sie in Ihrem Denken zu einem anderen Tier, nämlich zu den Schlangen. Sie fangen an, darüber nachzudenken, wie die Schuppen der Schlangen zusammengefügt sind. Das vermittelt Ihnen schließlich einige Ideen für das Muster einer Ziegelbedachung, die sowohl energiesparend als auch schön anzuschauen ist.

Hier sind einige Was-Wäre-Wenn's zum Drübernachdenken:

- ☞ Was wäre, wenn ein Einkommenssteuer-Roulette eingerichtet würde? Das bedeutet, der Prozentsatz, zu dem Ihr Einkommen versteuert wird, würde durch das zufällige Drehen des Roulette-Rades festgesetzt. Was würde passieren? Würde das Finanzamt Leute mit hohem Einkommen als „High Roller" behandeln? Gäbe es dann Bürgerinitiativen, die zusätzliche „Doppel-Nullen" auf dem Roulette-Rad fordern würden?
- ☞ Was wäre, wenn statt dem Profit der Dienst am Kunden zu unserer absoluten Priorität würde? Würden sich die Bonuszahlungen am Jahresende nach der zurückgegangenen Anzahl der

Beschwerden richten? Wir müßten uns wirklich in unsere Kunden hineinversetzen und vorhersehen können, welche Produkte sie im nächsten Jahr haben wollen.

☞ Was wäre, wenn jeder nur über eine bestimmte Anzahl von Worten verfügen würde, die man im Lauf eines Lebens äußern könnte? Wären wir dann präziser? Was würde mit Politikern geschehen? Würden wir andere Möglichkeiten finden, uns auszudrücken? Wäre unsere Kleidung dann lebhafter und ausdrucksvoller? Hätte sich die Telepathie entwickelt?

☞ Was wäre, wenn die Menschen alle ihre prosaischen Aufgaben, so wie Rasenmähen, das Geschirr abwaschen und den Zaun anstreichen, im Schlaf erledigen könnten?

☞ Was wäre, wenn die Menschen, nachdem sie vierzig Jahre alt geworden sind, keine äußeren Anzeichen des Alterns mehr zeigen würden?

☞ Was wäre, wenn sich jeden Monat die Menschen fünf Minuten lang in ihre Lieblingspflanze oder ihr Lieblingsgemüse verwandeln könnten?

☞ Was wäre, wenn die Menschen eßbare Kleidung hätten? Vielleicht würde sich die Mode dann jeweils mit den Nahrungsmitteln der Jahreszeit ändern. Jemanden zum Mittagessen einzuladen erhielte dann eine völlig neue Bedeutung. Sie könnten solche Sachen sagen, wie „Möchten Sie meine Socken essen? Haben Sie Ihre Garderobe im Naturkostladen gekauft?" Es würde dann besser schmecken, wenn Sie Ihren Fuß in den Mund nehmen.

☞ Was wäre, wenn Katzen Lebensversicherungen an Vögel verkaufen würden?

☞ Was wäre, wenn jeder Biologiestudent seinen eigenen Leichnam erhielte, um daran zu arbeiten? Sie würden einen Menschen in- und auswendig kennenlernen. Sie würden auch aus erster Hand erfahren, wie wichtig es ist, gut für den eigenen Körper zu sorgen.

Tip: Erfinden Sie Ihre eigenen „Was-wäre-Wenn"-Fragen, und sehen Sie, wohin diese Ihre Vorstellungskraft führen. Je öfter Sie das tun, desto besser werden Sie darin, und desto wahrscheinlicher ist es, daß Sie etwas Lohnendes finden.

Umdrehen: Betrachten Sie es von rückwärts

Das Leben ist hart. Es nimmt Ihre ganze Zeit in Anspruch, alle Ihre Wochenenden, und was kriegen Sie am Ende dafür? Den Tod, eine großartige Belohnung. Ich glaube, der Lebenszyklus ist ganz umgekehrt. Man sollte zuerst sterben, damit man es hinter sich hat, dann lebt man zwanzig Jahre lang in einem Altenheim. Sie werden da hinausgeworfen, wenn Sie zu jung sind, erhalten eine goldene Armbanduhr und gehen zur Arbeit. Sie arbeiten vierzig Jahre lang, bis Sie jung genug sind, Ihre Pensionszeit zu genießen. Sie gehen auf die Universität, nehmen Drogen, Alkohol, gehen auf Parties, bis Sie bereit sind für das Gymnasium. Sie besuchen das Gymnasium, die Grundschule, Sie werden ein kleines Kind, Sie spielen, Sie tragen keinerlei Verantwortung, Sie werden ein Baby und gehen zurück in die Gebärmutter, Sie verbringen Ihre letzten neun Monate schwimmend, und Sie beenden Ihr Leben, wenn Sie noch der sündige Gedanke Ihres Vaters sind.

Anonymer Komiker

Übung: Ein exzentrischer König möchte seinen Thron an einen seiner Söhne vermachen. Er entscheidet, daß ein Pferderennen veranstaltet werden soll, und daß derjenige Sohn, dem das langsamere Pferd gehört, König werden soll. Die Söhne, deren jeder fürchtet, daß die anderen betrügen werden, indem sie ihre Pferde weniger schnell laufen lassen, als diese können, fragen einen weisen Mann um Rat. Mit nur zwei Worten sagt ihnen der weise Mann, wie sie sicher sein können, daß das Rennen gerecht verlaufen wird. Was sind diese beiden Worte?

Ihre Perspektive auf ein Problem umzukehren ist eine gute Technik, um Ihr Denken zu öffnen. Hier ist ein Beispiel dafür, wie eine solche Strategie funktionieren kann: Carl Djerassi, einer der Entwickler der Antibabypille in den 50er Jahren, ist der Leiter einer Firma für Pestizide. In dieser Funktion ist er mit den negativen Auswirkungen befaßt, die bestimmte Insekten auf die Gesundheit und Wirtschaft einer Gesellschaft haben. So wie viele andere Wissenschaftler, ist er auch besorgt über die schädlichen Nebenwirkungen, die Pestizide auf die Umwelt hatten. Er fragt sich: „Wie kann ich schädliche Insekten vernichten, ohne damit die Umwelt zu schädigen?" Er spielt mit dieser Zielvorstellung und beschließt, sich nicht auf *Tod*, sondern auf *Geburt* zu konzentrieren: „Was wäre, wenn wir statt die Insekten zu töten, verhindern, daß sie überhaupt geboren werden? Wenn wir ihnen für diesen speziellen Zweck Hormone geben könnten, die verhindern würden, daß ihre Geschlechtsorgane zur Reifung gelangen, dann wären sie nicht imstande, sich zu vermehren." Das ist der Weg, den er einschlägt, und er funktioniert. Angenommen, Sie sind ein Lehrer, und Sie fragen sich: „Wie kann ich weniger effektiv sein?" Das würde bedeuten, daß die Schüler mehr Verantwortung für ihr Lernen hätten, und das könnte zu der Entwicklung eines Do-It-Yourself-Studienprogramms führen, in dem alle nach ihrem eigenen Tempo lernen.

Angenommen, Sie entwickeln eine Solarzelle. Das Problem als einen Versuch darzustellen, mit dem die Effizienz auf 30% gesteigert werden soll, würde Ihr Denken in eine Richtung lenken, während die Frage, wie man die Ineffizienz auf 70% mindern kann, Ihr Denken in eine ganz andere Richtung führen würde. Auf ähnliche Art und Weise hat die Verlagerung der Betonung von „Heilung" auf „Prävention" bei der Aufstellung medizinischer Ziele den Bereich der Medizin verändert.

Tip: Schauen Sie in die entgegengesetzte Richtung. Sie werden Dinge sehen, die Sie für gewöhnlich nicht beachten. Es ist auch eine gute Methode, um Ihr Denken von tiefverwurzelten Vorurteilen zu befreien.* Probieren Sie einmal aus, wie das funktioniert: Schreiben Sie drei Absätze, in denen Sie ein Konzept, das Sie gerade entwickeln, beschreiben. Hier ist die Pointe: wenn Sie ein Mann sind, schreiben Sie es aus der Sicht einer Frau, und wenn Sie eine Frau sind, schreiben Sie es aus der Sicht eines Mannes. Zumindest werden Sie einige interessante Möglichkeiten kreieren.

---

* Natürlich kann es manchmal problematisch sein, wenn man die Dinge umgekehrt wahrnimmt. Es wird erzählt, daß William Spooner (ein englischer Pädagoge, der dafür bekannt wurde, daß er den ursprünglichen Klang der Worte umstellte, zum Beispiel „*tons of soil*" [Tonnen von Erde] statt „*sons of toil*" [Söhne der Arbeit] oder „*queer old dean*" [komischer alter Dekan] statt „*dear old queen*" [liebe alte Königin], und von dem der Begriff *Spoonerismus* überliefert ist) sich einmal auf einer Dinner-Party befand, wo ihm zufällig der Salzstreuer auf den Teppich fiel. Ohne mit der Wimper zu zucken, kippte Spooner seinen Wein darüber.

Verbinden: Fügen Sie es zusammen

Der Philosoph René Descartes ging in eine Bar und setzte sich. Der Barkeeper fragte ihn, ob er ein Bier wolle. Descartes antwortete, „Ich denke nicht", und verschwand.

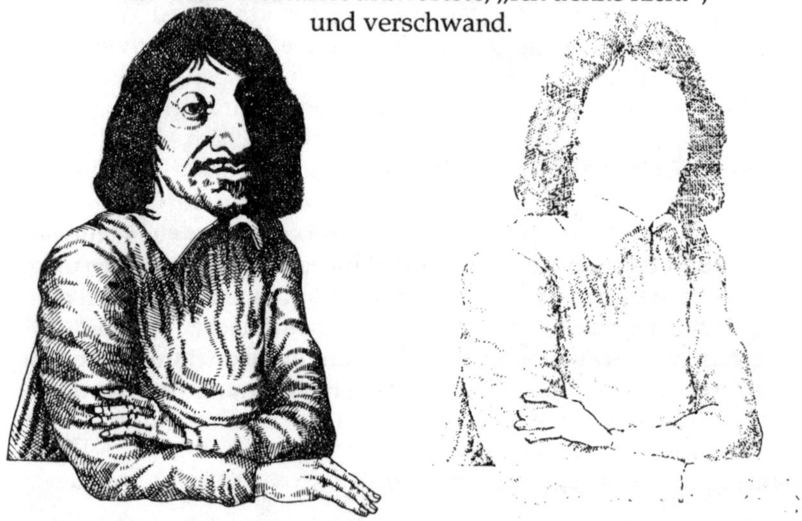

Sie finden diesen Witz wahrscheinlich nicht sehr lustig, es sein denn, sie können ihn *verbinden* mit der Tatsache, daß der Grundgedanke für Descartes Philosophie in seiner Behauptung ausgedrückt ist: „Ich denke, also bin ich." Jedoch beruht nicht nur der Humor darauf, daß man etwas verbindet. Das Verbinden ist ebenso die Basis von Erfindungen, Poesie, Flugreisen, geschäftlichem Erfolg und der Aufdeckung von Verbrechen. Wie der Design-Kritiker Ralph Caplan bemerkte: „Jede Kunst und das meiste Wissen erfordert, daß man Verbindungen entweder sieht oder sie herstellt. Bevor es mit dem zusammengeschaltet ist, was Sie bereits wissen, kann nichts jemals gelernt oder umgesetzt werden."

Ein großer Teil des kreativen Denkens beinhaltet, daß man zwei vorher getrennte Ideen miteinander verbindet und daraus etwas Neues macht. Gutenberg verband die Idee der Münzpräge und die Weinpresse, um daraus bewegliche Lettern und die Druckerpresse zu konstruieren. Gregor Mendel verband die Mathematik mit der Biologie, um daraus den Bereich der Vererbungslehre zu schaffen. Fred Smith verband die „Rad-und-Speiche"-Idee der Fluglinien für ein Verteilersystem mit der eines Übernachtzustellungsservice, um Federal Express zu gründen.

Man kann die Auslöserbegriffe, die in dem „Forscher"-Kapitel aufgelistet werden, auf amüsante Weise verwenden, indem man einige davon auswählt und miteinander verbindet und dann sieht, welche Ideen von den kombinierten Assoziationen gezündet werden. Zum Beispiel:

Irrgarten + Wasser =

- ☆ Ein Fluß, der sich seinen Weg von den Bergen zum Meer bahnt.
- ☆ Venen von lebendigen Dingen.
- ☆ Im 19. Jahrhundert gemachte Versuche, die Quelle des Nils zu finden.
- ☆ Ein U-Boot auf Hinderniskurs.

Magnet + Bücherei =

- ☆ Ein „Magnet" oder Ansporn, mit dem Leute dazu gebracht werden, überfällige Bücher zurückzubringen, indem man ihnen möglicherweise Zutritt zu dem Raum mit den seltenen Büchern gibt.
- ☆ Eine Buchhandlung, die einen Ausverkauf macht.
- ☆ Eine schöne Frau oder ein gutaussehender Mann (ihre genetische „Bücherei" hat ihnen eine attraktive Erscheinung verliehen).

Werkzeug + Matratze =

- ☆ Eine Vorrichtung für Footballspieler, um das Abblocken zu trainieren.
- ☆ Eine Droge, mit der Träume stimuliert werden.
- ☆ Eine Stelle, an der Weitsprung geübt werden kann.

Sandpapier + Ring =

- ☆ Ein Werkzeug, um runde Gegenstände zu polieren.
- ☆ Ein Kriegsmanöver, wie zum Beispiel eine Belagerung, bei der eine Stadt eingekreist und allmählich zerrieben wird.
- ☆ Richard Wagners *Ring*-Zyklus: vier lange Opern, die das Publikum schinden.

Was würden Sie mit *Regenbogen + Uhr*, *Manuskript + Bremsen*, *Satellit + Parasit* anfangen? Manchmal passiert nichts. Manchmal kommt Ihnen auf diese Weise ein brauchbarer Einfall. Viel Spaß beim Probieren.

Fragen Sie sich selbst: Welche Ideen kann ich mit meinem Konzept verbinden?

Vergleichen: Finden Sie eine Metapher

Soll ich dich mit einem Sommertag vergleichen?

– William Shakespeare, Dramatiker –

Übung: Versuchen Sie folgendes:

1. Ein gutes Abendessen einzunehmen ist wie:

   A) beim Speerwerfen eine große Weite zu erreichen.
   B) den Sand zu beobachten, wie er durch das Stundenglas läuft.
   C) einen populären Roman am Strand zu lesen.
   D) sich Nagellack auf die Zehen zu streichen.

2. Ein Kind großzuziehen ist wie:

   A) von Seattle nach New York mit dem Auto zu fahren.
   B) Unkraut im Garten zu jäten.
   C) ein Feuer zu entzünden und zu beobachten wie es brennt.
   D) nach Regenbogenforellen zu fischen.

3. Bei einem Konzert Klavier zu spielen ist wie:
   A) an der Aktienbörse zu investieren.
   B) Orchideen zu züchten.
   C) durch den Berufsverkehr zu fahren, während die Tankmeßanzeige auf „leer" steht.
   D) drei Tage lang zu fasten.

4. Die Wahrheit zu finden ist wie:

   A) ein Nußbrot zu backen.
   B) einen Raum zu betreten und den Grund dafür zu vergessen.
   C) ein Segelboot durch ein gewaltiges Gewitter zu navigieren.
   D) eine Prüfung abzulegen, bei der es keine falschen Antworten gibt.

Wie ist es Ihnen ergangen? Nun, gleichgültig was Sie niedergeschrieben haben, Sie haben die richtige Antwort. Weil der Zweck dieser Übung nämlich darin lag, daß Sie einige Ähnlichkeiten zwischen den verschiedenen Ideen finden sollten. Ob Sie glauben, daß ein Kind großzuziehen so ist, wie Unkraut im Garten zu jäten, oder ein Klavierkonzert zu geben so, wie etwas zu investieren – in jedem Fall waren Sie imstande, etwas zu finden, was die Ideen gemeinsam haben.

Darum geht es, wenn man Metaphern findet: Ähnlichkeit zu entdecken. Sie nehmen eine Idee und verwenden sie, um damit eine andere Idee zu beschreiben aufgrund einer Ähnlichkeit, die beide miteinander haben. Wir verwenden diese Art zu denken die ganze Zeit. Wir sagen, daß ein Dreieck „Schenkel" hat, Nägel haben „Köpfe", Computer arbeiten mit einer „Maus", Ideen sind „unausgegoren", eine Leitung kann „tot" sein, Städte haben „Herzen", und Kandidaten haben „Erdrutsch"-Siege. Tatsächlich ist es so, daß viele Entdeckungen gemacht wurden, weil irgend jemand eine neue Metapher gefunden hat, um eine Situation zu beschreiben.

Im 17. Jahrhundert betrachtete William Harvey das Herz nicht als einen Muskel oder ein Organ, sondern als eine „Pumpe" und entdeckte den Blutkreislauf. Zu Anfang des 20. Jahrhunderts entwickelte der dänische Physiker Niels Bohr ein neues Modell des Atoms, indem er es mit dem Solarsystem verglich. Innerhalb dieser Konstruktion stellte er sich vor, daß die Sonne den Atomkern und die Planeten die Elektronen repräsentierten. Mit diesem Modell ersetzte er Rutherfords Modell des Atoms als „aufgehender Pudding".

Manchmal kann Ihnen eine Metapher einen neuen Einblick in ein Problem ermöglichen. Ich hatte zum Beispiel vor einigen Jahren einen Computerkunden, der nicht verstehen konnte, warum der Verkauf seiner Produkte flau blieb, auf einem Markt, der allgemein boomte. Weil die Firmenleitung für die richtige Perspektive zu sehr in der Situation befangen war, bildeten wir eine Metapher für das Problem. Wir beschlossen, daß seine Firma wie ein Restaurant sei. Die Speisekarte (das Herstellungsprogramm) war umfangreich, aber es gab da zu viele Einschränkungen für das, was gekauft werden konnte – zum Beispiel konnte ein Kunde nicht Salat mit Schweinefleisch bestellen. Weil die einzelnen Köche (Abteilungsleiter) entschieden, welche Speisen auf der Karte aufgelistet wurden, stimmten ihre Angebote nicht miteinander überein. Dieses führte dazu, daß sich die Bedienung (Verkaufspersonal) spezialisierte. Ein typisches Resultat? Ein Kunde konnte keinen Fisch von einem Steak-Kellner kaufen. Wir haben diese Metapher weiter ausgebaut, aber es wurde dem Management schnell klar, daß ihre große, mit Einschränkungen verwendbare Produktpalette die Kunden verwirrte und die Ursache für den schlechten Absatz war.

Die Sprache der Bibel ist recht metaphorisch. Ob Jesus in Parabeln spricht, der Heilige Paulus Vergleiche in seine Episteln einstreut, oder die Propheten die Zukunft vorhersagen, Sie werden dort viele Gedanken finden, die in Metaphern ausgedrückt sind. Das trifft besonders auf das *Buch der Sprichwörter* zu. Hier ist ein kurzes Quiz für Sie aus den Sprichwörtern. Verbinden Sie die Metapher auf der linken Seite mit der Vorstellung auf der rechten Seite, die sie versinnbildlicht.

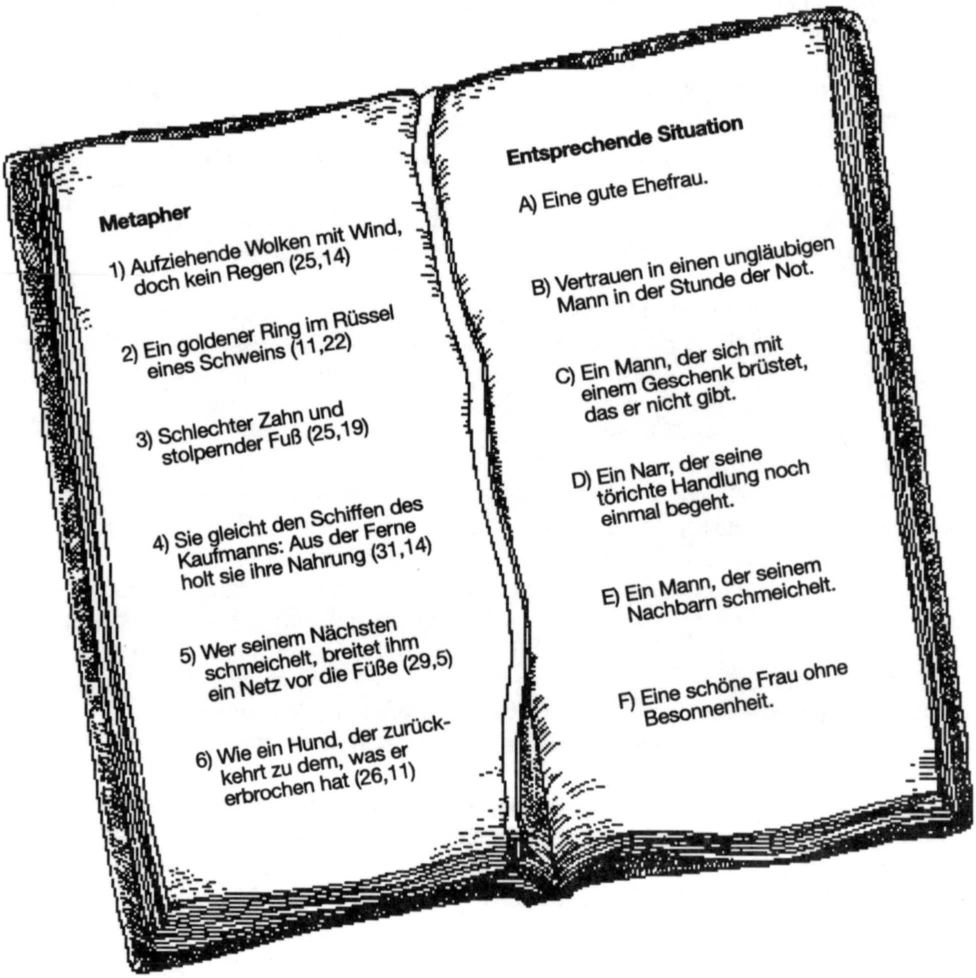

Übung: Sie brauchen hierfür einen Stift, Papier und eine Uhr. Untenstehend sind zwei Listen aufgeführt. Nehmen Sie sich eine Minute Zeit (stoppen Sie Ihre Zeit), und lernen Sie die Wörter der Liste Eins auswendig. Dann nehmen Sie sich wieder eine Minute Zeit und schreiben alle die Wörter nieder, an die Sie sich erinnern können. Wiederholen Sie diesen Vorgang für die Liste Zwei.

Liste Eins:	**Liste Zwei:**
gleich	Sonnenuntergang
Verlust	Spiegel
sicher	Ziegelstein
Defizit	Diamant
Semester	Brustbein
Komma	Kuh
umher	Rosen
schicken	Regenschirm
Menge	Affe
entscheiden	Brezel
Phase	Pokal
Arbeit	Schloß
Reihenfolge	Gitarre
einstellen	Armbanduhr
sehr	Bleistift
Anhang	Ölkanne

Wie sind Sie vorangekommen? Ich habe festgestellt, daß die meisten Menschen sich an mehr Wörter aus der zweiten Liste erinnern. Ein Grund dafür ist, daß die Wörter in der zweiten Liste anschaulicher sind. Sie können vor Ihrem geistigen Auge das Bild eines Affen sehen, der gitarrespielend vor einem Schloß steht. Wenn Sie sich dann an die einzelnen Begriffe erinnern wollen, brauchen Sie nur dieses Bild anzusehen.

Ich erwähne dies im Zusammenhang mit Metaphern, weil die meisten Metaphern bildlich sind. Wenn Sie also für das, woran Sie sich erinnern wollen, eine Metapher bilden, vergessen Sie es nicht so leicht. Ich mußte zum Beispiel vor einigen Jahren die verschiedenen Teile eines Computerfunktionssystems auswendig lernen. Ich wollte mir nicht alle Details einprägen, aber ich mußte das Verhältnis der verschiedenen Teile zueinander kennen. Also sagte ich mir: „Dieses Funktionssystem ist wie ein Auto. Dieser Teil ist wie das Fahrgestell, dieser Teil ist wie der Motor, dieser Teil ist wie das Steuerrad, undsoweiter." Wenn ich mich dann an das Funktionssystem erinnern wollte, brauchte ich nur das Bild eines Automobils in meiner Vorstellung erscheinen zu lassen.

Tip: Ich habe festgestellt, daß einige der Metaphern, die sich am leichtesten bilden lassen, solche sind, in denen eine Handlung stattfindet. Hier ist eine Liste von potentiellen Kandidaten. Versuchen Sie, Ihre Situation mit einer oder mehreren von diesen zu vergleichen:

Eine Mahlzeit zubereiten	Ein Auto fahren
Eine Rede halten	Einen Garten bepflanzen
Einen Baum beschneiden	Eine Erzählung schreiben
Einen Handel abschließen	Auf ein Ziel schießen
Werbung verbreiten	Eine Revolution beginnen
Ein Produkt vermarkten	Ein Orchester dirigieren
Ein Kind aufziehen	Ein Feuer bekämpfen
Einen Feldzug unternehmen	Nach Gold schürfen
Angeln gehen	Ein Problem lösen
Ein Projekt managen	Die Sterne betrachten
Ein Gebiet besiedeln	Einen Roman lesen
Eine Reise planen	Eine Religion befolgen
Einen Wettkampf aufnehmen	Ein Kind bekommen
Ein Verkaufstelefonat führen	Einen Zaubertrick vorführen
Ein Haus bauen	Blumen arrangieren

Inwiefern ist eine Mahlzeit zuzubereiten so wie eine Rede zu halten? Inwiefern ist ein Problem zu lösen so wie ein Kind zu bekommen? Inwiefern ist ein Projekt zu managen so wie einen Urlaub zu planen? Viel Spaß beim Mixen dieser Ideen.*

* Manchmal kombinieren die Leute ihre Metaphern auf ungewöhnliche Weise. Das kann nicht nur zu logischen Unstimmigkeiten führen, sondern auch zu humorvollen, beinahe surrealen Bildern. Roland Bartel, ein Professor aus Oregon, sammelt solche Mix-Metaphern. Hier sind einige von seinen Favoriten: „Ich ziehe den Langstreckenläufer dem Kurzzeitgedächtnis vor", „Wir gehen alle den Bach runter in einer Dampfwalze", „Es kommt nur darauf an, wessen Ochse zum Affen gemacht wird", „Ein jungfräulicher Boden ist einer, auf den die Hand des Mannes noch keinen Fuß gesetzt hat", „Wir müssen darauf achten, daß nicht zu viele Köche in diesen Brei geraten, sonst denkt noch jemand, daß hinter den Kulissen geschoben wird."

Beseitigen: Verletzen Sie die Regeln

Wenn Sie nicht oft genug „warum das?“ fragen,
wird jemand fragen „warum Sie?“

– Tom Hirshfield, Erfinder –

Aus heiligen Kühen, die man schlachtet,
werden großartige Steaks.

– Dick Nicolosi, Philosoph –

Übung: Untenstehend ist ein Irrgarten gezeichnet. Beginnen Sie bei Punkt A, und arbeiten Sie sich zu Punkt B vor. Verwenden Sie einen Kugelschreiber oder Bleistift, um Ihrem Weg zu folgen.

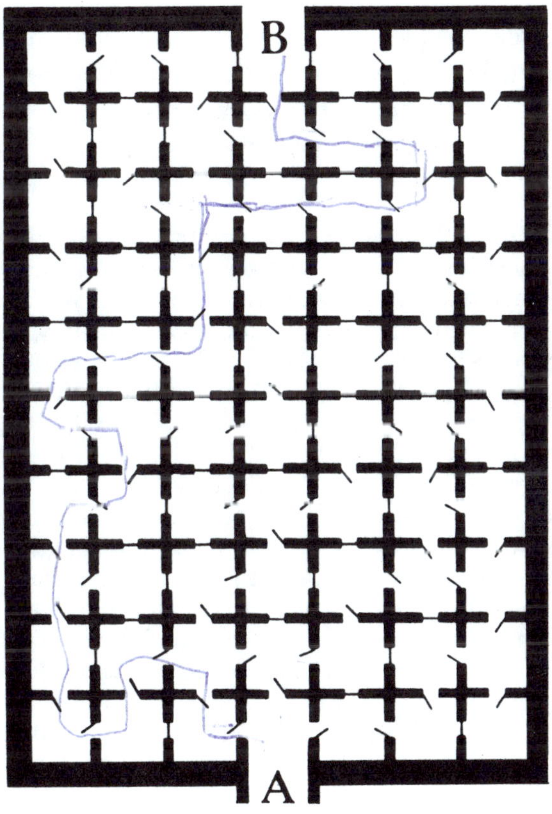

Das war nicht so schwer. Jetzt sehen Sie sich an, wie Sie vorgegangen sind. Um dieses Problem zu lösen, haben Sie wahrscheinlich eine der folgenden drei Strategien verwendet. Die erste ist, Sie haben bei A begonnen und haben sich zu B durchgearbeitet. Wenn Sie in eine Sackgasse gerieten, sind Sie denselben Weg zurückgegangen und dann wieder einen neuen Weg vorwärts. Eine zweite Herangehensweise ist, bei B zu beginnen und sich rückwärts nach A zu bewegen. Wir verwenden diese Methode für vieles was wir tun. Wenn Sie an einem Projekt arbeiten, das in drei Monaten von heute an beendet sein muß, denken Sie sich vielleicht: „Wo sollte ich in zwei Monaten sein? Wo sollte ich nächsten Monat sein? Wo sollte ich nächste Woche sein?"

Eine dritte Lösung wäre, die Regeln zu verletzen. Was wäre, wenn man eine gerade Linie von Punkt A zu Punkt B zeichnet? Einige Leute werden einwenden, daß die Regeln zu verletzen bedeutet, den Anweisungen zuwiderzuhandeln. Das mag so sein, aber manchmal muß man das tun, um innovativ zu sein. Oder wie es der Pädagoge Rudolph Flesch ausgedrückt hat:

Das kreative Denken bedeutet vielleicht nur
die Erkenntnis, daß es kein besonderes Verdienst ist,
etwas so zu tun, wie man es
immer getan hat.

Sehen Sie sich die Sportarten an. Wenn man die Regeln im Lauf der Zeit nicht geändert hätte, dann gäbe es im Basketball immer noch einen Sprungball nach jedem Feldkorb, im Baseball würden ‚Aus'-Schläge immer noch als Treffer gewertet, und Football wäre nur ein Wettlauf. Tatsächlich ist es so, daß die meisten Fortschritte in Wissenschaft, Technologie, Design, Haushaltsführung, Medizin und Landwirtschaft daher gekommen sind, daß jemand die Regeln entweder verletzt oder zeitweise außer Kraft gesetzt hat. Mit seinem Air Conditioner hat Willis Carrier die Regel verletzt, daß Büros im Sommer heiß sein müssen. Mit ihren leidenschaftlichen Liebesgedichten hat Sappho die Regel verletzt, daß nur Männer gute lyrische Dichtung verfassen können. Mit seiner Formulierung, daß die Summe der Winkel eines Dreiecks nicht insgesamt 180 Grad messen müssen, hat Karl Gauss die Regel verletzt, daß die einzige Art der Geometrie die Euklidische Geometrie sei. Mit seinem Multi-Millionen-Dollar Werbefeldzug für Lotus 1-2-3 hat Mitch Kapor die Regeln dafür verletzt, wie man Microcomputer-Software auf dem Markt einführt.

Ich kenne einen Banker, der viel von dieser Verbindung von Beseitigung und Innovation hält. Er bat einmal acht Leute, die ihm Bericht erstatteten, fünf Dinge niederzuschreiben, die ihnen an ihrer Arbeit nicht gefallen – die Firmenpolitik, bestimmte Verfahrensweisen, die Art wie man Kunden behandelt, undsoweiter. Merkwürdigerweise hatten alle Acht drei ähnliche Punkte in ihren Listen. Sie haben sich auf diese konzentriert und waren imstande, zwei davon als nicht mehr aktuell zu eliminieren. Sie könnten das selbst einmal versuchen. Welche fünf Aspekte mögen Sie nicht an Ihrer derzeitigen Arbeit? Können davon welche als überflüssig beseitigt werden?

Ein Wirtschaftsprüfer erzählte mir von einer ähnlichen Strategie, die er verwendet, um die Schreibarbeiten zu reduzieren. Jeden Monat erstellt er eine Reihe von Finanzberichten, die er dann an die Personen auf seiner Verteilerliste schickt. Er stellt die Berichte immer rechtzeitig fertig, aber ungefähr alle sechs Monate versendet er sie ein paar Tage später, um zu sehen, welche Personen lautstark protestieren, weil sie die Informationen nicht rechtzeitig erhalten haben. Wenn sich Leute beschweren, dann weiß er, daß der Bericht wichtig für ihre Arbeit ist. Wenn sie sich nicht beschweren, stellt er infrage, ob sie diesen speziellen Bericht weiterhin brauchen. Das Ergebnis davon ist, daß er mit dieser Praxis imstande ist, vieles von der nicht mehr aktuellen Schreibarbeit auszusondern.

Übung: Sie sind der Regisseur einer TV-Werbung für ein Auto, die im ganzen Land ausgestrahlt werden soll. Welches sind die fünf Regeln, die Sie in der Präsentation des Produkts verletzen können?

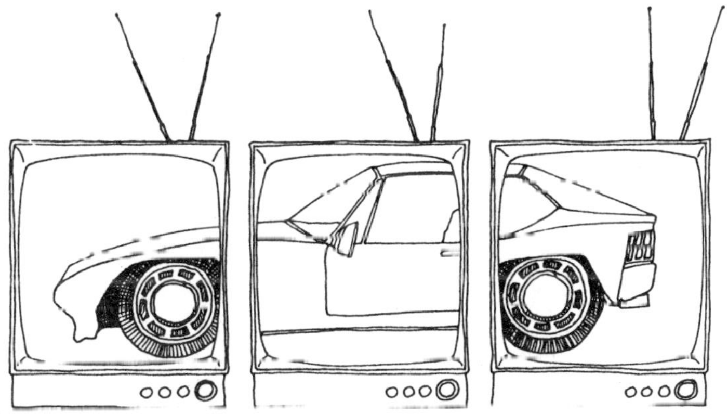

Tip: Verletzen Sie die Regeln. Wenn Sie für gewöhnlich Ihre Rasur mit der linken Gesichtshälfte beginnen, fangen Sie morgen auf der rechten an. Wenn Sie sich niemals „Seifenopern" im Fernsehen ansehen, schauen Sie mal tagsüber fern. Wenn Sie normalerweise Jazz hören, hören Sie einmal klassische Musik. Wenn Sie üblicherweise den kürzesten Weg von der Arbeit nach Hause nehmen, wählen Sie die längere, aber landschaftlich schönere Strecke.

Parodieren: Machen Sie Unsinn

Den Menschen wurde die Vorstellungskraft gegeben,
um sie für das zu entschädigen, was sie nicht sind.
Ein Sinn für Humor wurde ihnen gegeben,
um sie für das zu trösten, was sie sind.

– Horace Walpole –

Übung: Was wäre, wenn die Leute in ihren Kühlschränken schliefen? Sie würden wahrscheinlich vom Skifahren und von Schneeballschlachten träumen. Und sie würden wahrscheinlich für einen tiefen Schlaf Ihren Kopf in das Tiefkühlfach betten. Leute, die ihr Geld für gewöhnlich in ihre Matratzen stopfen, hätten „kaltes Cash". Und diejenigen, denen man Gefühlskälte vorwirft, hätten eine gute Ausrede. „Nicht heute Nacht, Liebling, ich habe eine Kopfverkühlung." Viele Kühlschränke sind selbstreinigend. Vielleicht wäre es dann nicht mehr nötig, ein Bad zu nehmen. Was würde noch passieren?

Wenn wir an Künstler denken, stellen wir uns manchmal einen Bildhauer vor, der mit Ton arbeitet. Gelegentlich braucht der Künstler etwas Knetmasse, und da sind wir an dem Punkt, an dem als nächstes Werkzeug ‚Unsinn machen' dazukommt. Der Künstler verwendet Humor und absurde „Was-wäre-Wenn"-Fragen, um sich aufzulockern und um die Dinge mit anderen Augen zu betrachten. Er erzählt zum Beispiel den einen oder anderen Witz:

Frage: Wie nennt man einen hellseherischen Zwerg mit Schuhgröße 45?
Antwort: Ein kleines Medium auf großem Fuß.

Frage: Was ist das Letzte, das einem Insekt durch den Kopf geht, in dem Augenblick, in dem es auf Ihre Windschutzscheibe aufprallt?
Antwort: Sein hinteres Ende.

Frage: Warum hat der Forscher zwanzig Dollar für ein Blatt Sandpapier ausgegeben?
Antwort: Weil er es für eine Karte der Wüste Sahara hielt.

Oder er gibt Ihnen vielleicht einige Umrechnungsmultiplikatoren:

10^{12} Mikrofone =	1 Megafon
10^{12} Stecknadeln =	1 Heugabel
3 ⅓ Kadenzen =	1 Dekadenz
4 Seminare =	1 Binär
10^{21} Pikkolos =	1 Gigolo
1 Milli-Helene =	die Menge an Schönheit, die für den Stapellauf von 1 Schiff erforderlich ist.

Er zitiert vielleicht Margaret Thornley oder Strange de Jim (wie von Herb Caen überliefert):

Rote Beete jemals so Zwiebel,
da Schnee Erbsen Gemüse.

– Margaret Thornley, Wortkünstlerin –

Ich mag keine Schnecken essen.
Ich ziehe Fast Food vor.

– Strange de Jim, Gelehrter –

Oder er gibt Ihnen vielleicht eine Speisekarte, auf der die folgenden Enten aufgelistet sind:

Kalte Ente
Peking Ente
Häßliche Ente
Happy Ente
Wildente
Entologe
Alimente

Der Künstler glaubt, daß es eine enge Verbindung gibt zwischen dem *Ha-ha*-Erlebnis des Humors und dem *Aha!*-Erlebnis der kreativen Entdeckung. Wenn Sie über etwas lachen können, ist es wahrscheinlicher, daß Sie die Regeln, die hinter der Idee liegen, in Frage stellen und auf unkonventionelle Art und Weise betrachten. Das wurde bei einem Kreativitätstest bestätigt, der vor Jahren mit einer Gruppe von High School-Studenten gemacht wurde. Die Teilnehmer wurden in zwei gleichgroße Gruppen eingeteilt. Eine Gruppe saß vor dem Test eine halbe Stunde lang in einem Lesesaal. Die andere Gruppe verbrachte die gleiche Zeit in einem anderen Raum, wo sie einer Kassettenaufnahme vom Auftritt eines Standup-Komikers zuhörten. Dann machten beide Gruppen den Kreativitätstest. Die Gruppe, die dem Stegreifkomiker zugehört hatte, erzielte in allen Phasen des Tests die bedeutend besseren Ergebnisse. Der Komiker hatte ihr Denken geöffnet.

Einer meiner Klienten, ein Hersteller von Satelliten, führte eine Designkonferenz durch, während der alle in eine verrückte Stimmung gerieten und beschlossen, den Satelliten zu „rösten". Sie machten Witze darüber und amüsierten sich prächtig. Das Resultat: sie kamen mit einer Menge guter Designideen hervor. In der nächsten Woche, als alle in der Gruppe ziemlich ernsthaft waren, hatten sie keine neuen Ideen.

Übung: Sie sind der Bürgermeister Ihrer Stadt. Über welche drei Dinge in Ihrer Stadt können Sie Witze machen?

Tip: Machen Sie Unsinn. Hören Sie sich Schallplattenaufnahmen von Komikern an. Lesen Sie Witzbücher, um in eine kreative geistige Verfassung zu kommen. Humor ist besonders dann wirkungsvoll, wenn Ihr Künstler steckengeblieben ist oder sich unter großem Druck befindet. Wie es der Physiker Niels Bohr ausdrückte: „Es gibt Dinge, die sind so ernst, daß man über sie lachen muß."

Ausbrüten: Tun Sie nichts

Lerne zu pausieren ... sonst wird dich nichts
Lohnendes einholen können.

– Doug King, Dichter –

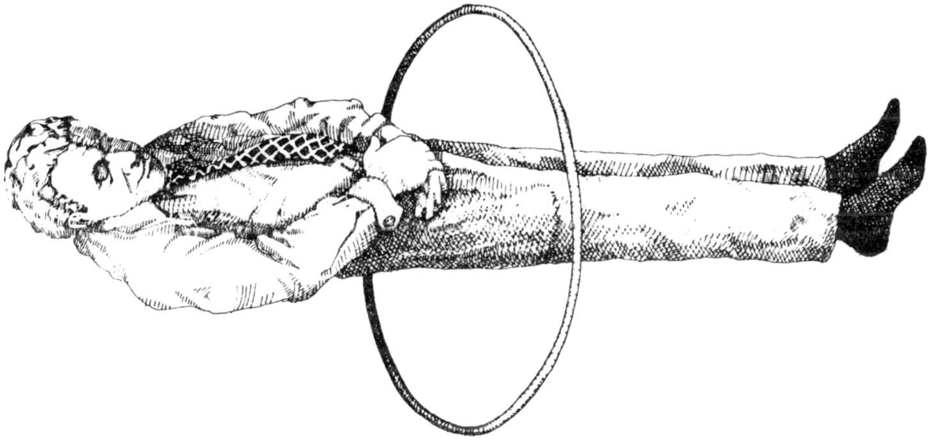

Übung: Nehmen Sie sich eine Minute Zeit und denken Sie an sieben Mitschüler, mit denen Sie die Schule besucht haben.

Es ist schwer, die guten Ideen, die hinter einem liegen, zu sehen, wenn man sich doppelt so stark auf die Dinge konzentriert, die vor einem liegen. Manchmal kann die beste Strategie von allen die sein, das Problem loszulassen und es an die aktiven Kräfte Ihres Unterbewußtseins weiterzugeben. Wie der Softwareingenieur Rick Tendy empfiehlt: „Ich versuche nie ein Problem dadurch zu lösen, indem ich versuche es zu lösen."

Wenn Sie die Idee geistig zurückstellen, ergeben sich daraus drei vorteilhafte Vorgänge. Erstens, Sie rücken Ihr Problem in die richtige Perspektive. Ein Werbefachmann erzählte mir, seine Strategie für neue Ideen sei, daß er sich fünf bis sechs Wochen lang mit Informationen über den Kunden und seinen Markt überschwemmen läßt. Dann geht er drei Tage lang Angeln und läßt „die Ideen ihren Weg nach oben durchsickern". Um eine Analogie herzustellen zu der Lincoln-Übung, die Sie am Anfang dieses Kapitels gemacht haben, wir verbringen unsere meiste Zeit damit, „in Kästchen zu denken". Aber wenn Sie Abstand von der Situation nehmen können, sehen Sie das Gesamtbild.

Zweitens, wenn Sie an einem Problem arbeiten, dann pflanzen Sie ein Samenkorn in Ihrem Kopf. Wenn Sie Abstand davon nehmen, wächst dieses Samenkorn weiter. Es schickt seine Wurzeln in Ihre „kleinen grauen Zellen" und geht neue Verbindungen ein. Wie sind Sie zum Beispiel mit der Aufgabe von den Mitschülern zurechtgekommen? Das war nicht allzu schwierig. Aber jetzt, wo Ihnen die Aufgabe geistig eingepflanzt wurde, werden Ihnen sieben weitere einfallen, wenn Sie morgen früh aufwachen, und Ihnen werden danach noch weitere Mitschüler einfallen – zumindest unbewußt.

Drittens, wenn Sie nach einer Phase des Ausbrütens zu einem Problem oder einer Idee zurückkehren, werden Sie es unter anderen Voraussetzungen angehen. Ein technischer Direktor erzählte mir, sein Rat an seine Angestellten sei:

Ein Uhr sollte etwas Neues bedeuten.

Einige seiner Leute verbringen Ihre ganze Zeit damit, sich direkt auf die Aufgabe zu konzentrieren. Sie arbeiten den ganzen Morgen daran, und wenn es Mittag ist, packen sie ihr Lunchpaket aus und setzen ihre Arbeit an der Sache fort. Das Ergebnis davon ist, daß sie dem Problem keine neue Perspektive geben können. Der Direktor ermuntert seine Leute zum Essen zu gehen, oder Sport zu treiben, die Bücherei zu besuchen – alles, um die Routine zu unterbrechen.

Eine letzte Bemerkung zum Ausbrüten: manchmal verschafft Ihnen ein verzögertes Handeln mehr Informationen. Der Designer Christopher Williams erzählte die folgende Geschichte über einen Architekten, der eine Gruppe von großen Bürogebäuden baute, die um eine Grünfläche in der Mitte angeordnet waren. Als die Bauarbeiten beendet waren, fragte ihn das Team der Landschaftsarchitekten, wo er die Bürgersteige zwischen den Gebäuden haben wolle. „Noch nicht", war die Antwort des Architekten, „pflanzen Sie einfach dichtes Gras zwischen die Gebäude." Das wurde getan, und am Ende des Sommers war der neue Rasen durchzogen mit Pfaden von niedergetretenem Gras, die von Gebäude zu Gebäude führten oder aus einem Gebäude nach draußen. Williams beschrieb es so: „Die Pfade folgten der zügigsten Verbindungslinie zwischen den Punkten, wanden sich in leichten Kurven statt in rechten Winkeln und entsprachen in ihrer Größe dem Verkehrsfluß. Im Herbst ließ der Architekt die Pfade einfach pflastern. Diese Wege waren nicht nur schön im Design, sondern sie entsprachen auch unmittelbar den Bedürfnissen der Benutzer."

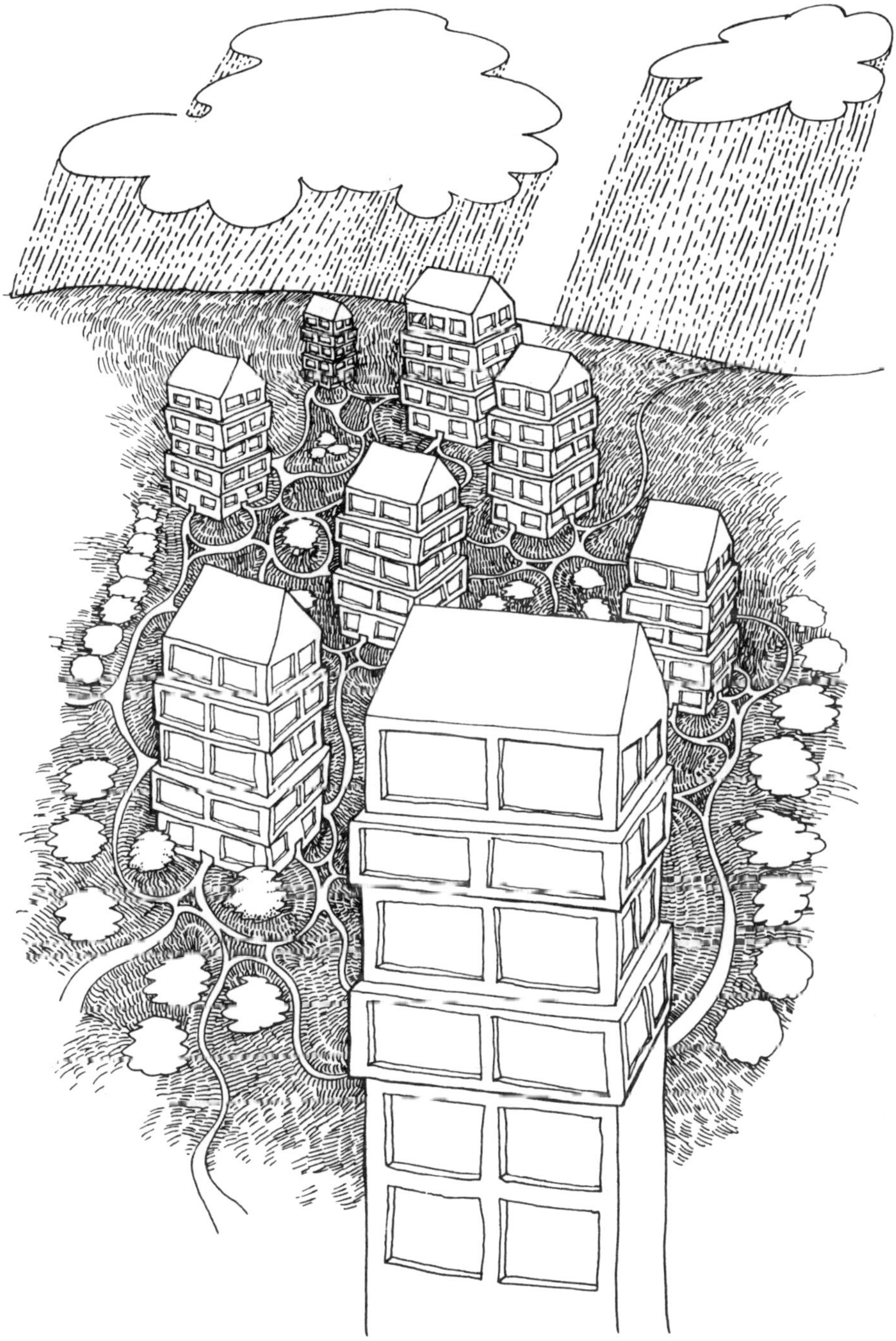

Zusammenfassung

Der Künstler ist Ihre Rolle, um aus Ihrem Material „etwas zu machen", um eine Gruppe von diversen Informationen, Mustern und Ideen zu nehmen und diese zu etwas Neuem umzuwandeln. Die Hilfsmittel, um „etwas daraus zu machen", können darin bestehen, daß man den Zusammenhang verändert, daß man Unsinn macht und das was man tut, von einem ungewohnten Blickwinkel aus betrachtet. Es kann auch beinhalten, daß man etwas hinzufügt, etwas wegnimmt, die Phantasie einsetzt und einfach experimentiert. Am Ende werden Sie daraus mit einer originellen Idee hervorkommen.

Die größte Gefahr für Ihren Künstler besteht darin, zu einem Gefangenen des Vertrauten zu werden. Je öfter Sie irgend etwas auf dieselbe Art und Weise sehen oder tun, desto schwieriger wird es, darüber auf eine andere Art und Weise nachzudenken. Picasso muß daran gedacht haben, als er sagte,

Jedes Kind ist ein Künstler.
Das Problem ist, wie man ein Künstler bleibt,
wenn man erwachsen ist.

Man braucht ein gerüttelt Maß an Selbstvertrauen dazu, diese Rolle anzunehmen. Schließlich weiß man nie, wohin einen all dieses „etwas daraus machen" führen wird: zu rein gar nichts (verschwendete Zeit), zu einer Menge Kritik (verletzter Stolz), oder zu einer originellen neuen Idee (Bingo!).

Die Palette des Künstlers

Nehmen Sie Ihr Konzept und „machen Sie etwas daraus". Welche Denkmuster können Sie ändern? Wie können Sie die Art und Weise, wie Sie darüber nachdenken, verändern?

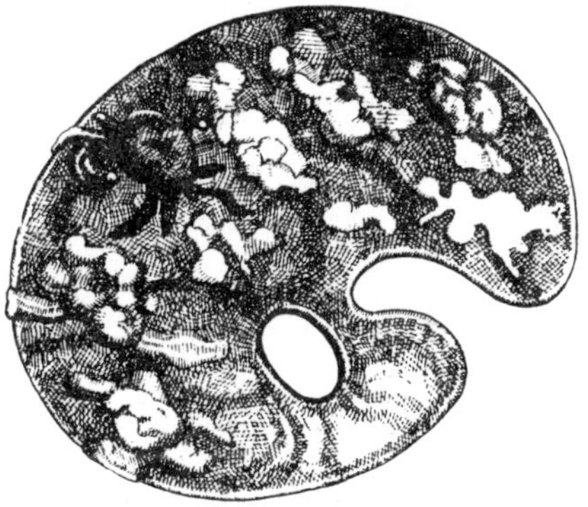

Angleichen. In welche veränderten Zusammenhänge können Sie Ihr Konzept stellen? In welche historischen Zusammenhänge? In welche futuristischen Zusammenhänge? In welche ungewöhnlichen geographischen oder politischen Zusammenhänge können Sie es einordnen?

Vorstellen. Welche unkonventionellen „Was-wäre-Wenn"-Fragen können Sie im Zusammenhang mit Ihrem Konzept konstruieren? Wie abwegig können sie sein, und wie surreal?

Umdrehen. Betrachten Sie Ihr Konzept von rückwärts. Wie sieht es aus, wenn Sie es auf den Kopf stellen, oder es in- und auswendig sehen?

Verbinden. Was können Sie mit Ihrem Konzept kombinieren? Wie paßt Ihr Konzept zu dem, was Sie sonst noch wissen?

Vergleichen. Finden Sie eine Metapher für Ihr Konzept. Welche Ähnlichkeit hat es mit Musik? Medizin? Kochen? Kriegsführung? Gartenarbeit? Reisen? Jemandem den Hof machen?

Beseitigen. Welche Regeln können Sie verletzen? Was ist überflüssig? Was ist tabu? Was ist nicht länger notwendig?

Parodieren. Lachen Sie über Ihr Konzept. Lassen Sie die blöden Mahnungen beiseite und „rösten" Sie es. Wie albern können Sie sein? Wie ungeheuerlich? Welche Witze, die mit Ihrem Konzept zu tun haben, fallen Ihnen ein?

Ausbrüten. An welchen Ideen arbeiten Sie zur Zeit, bei denen es sich für Sie bezahlt machen würde, eine kleine Pause einzulegen?

Der Richter

Ihre Rolle, um eine Idee zu bewerten
und um zu entscheiden,
was mit ihr zu tun ist

Übung: Untenstehend ist das Design für eine neue Kaffeetasse abgebildet. Schreiben Sie drei Eindrücke nieder, die Sie von ihrem Gebrauchswert haben.

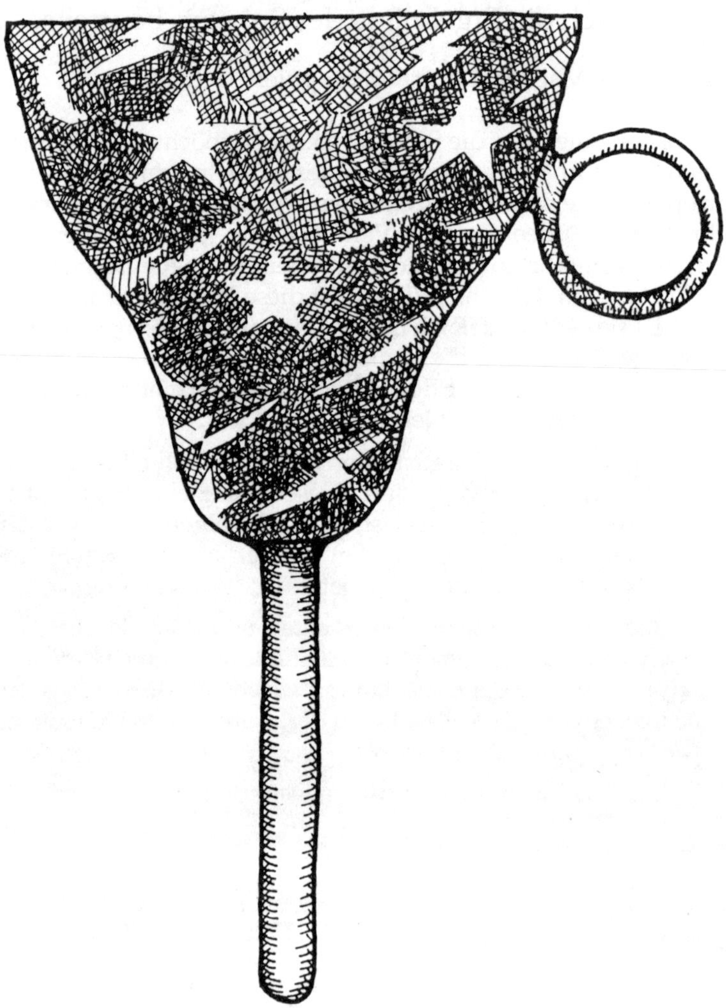

Design für eine neue Kaffeetasse

Ist diese Idee ein Aha!- oder ein Oh-je?-Erlebnis?

Ich verdiene meinen Lebensunterhalt damit,
daß ich spiele; Arbeit wird es dann,
wenn ich die Ergebnisse des Spielens beurteile.

– Mac MacDougall, Computer-Architekt –

Sie haben eine Idee, die Sie verwirklichen möchten. Es kann sich dabei um den Entwurf eines Gemäldes handeln, um ein Geschäftskonzept für eine neue Firma, eine neue Art für die Zubereitung von Hühnchen, die Idee für eine Veranstaltung, deren Reinerlös der örtlichen Wohlfahrt zugute kommt, oder eine neue Datenbankanlage. Jetzt fragen Sie sich: „Wie gut ist diese Idee? Wird sie funktionieren? Ist sie es wert, daß ich meine Zeit damit verbringe, sie weiter zu verfolgen? Was sind die Risiken? Wird sie mir das gewünschte Resultat bringen? Was ist der Haken dabei? Macht sie mich zum Arbeitslosen oder zum Helden?"

Ein Weg, wie Sie das herausfinden können, ist, Ihre Idee durchzuführen und zu sehen was passiert. Diese Herangehensweise ist ausreichend, wenn die Idee klein ist, und die Folgen eines Scheiterns nicht gravierend sind. Aber bei den meisten Ideen haben Sie nicht diesen Luxus. Deshalb müssen Sie jetzt wie ein Richter denken.

Wir sind alle vertraut mit dem Richter; tatsächlich ist dies wahrscheinlich unsere am besten entwickelte Rolle. Wir verwenden sie, um alles zu bewerten, von der Entscheidung, welche Kleider wir tragen und welche Bücher wir lesen sollen, bis zu der, wohin wir in Urlaub fahren und wie wir unser Geld anlegen sollen.

Die Rolle des Richters im kreativen Denkprozeß ist eine schwierige. Man muß kritisch genug sein, um sicherzustellen, daß man seinem Krieger eine Idee gibt, die es wert ist dafür zu kämpfen. Aber man muß auch offen genug sein, so daß man nicht die Phantasie des Künstlers hemmt. Wenn Sie nicht kritisch genug sind, könnte der Krieger schließlich verletzt werden; wenn Sie nicht offen genug sind, könnte es sein, daß der Künstler nicht kreativ ist. Darüber hinaus müssen Sie sich ausrechnen, wieviel Zeit Sie für Ihre Entscheidung haben. Tatsächlich beruht viel von der Kunst des Richters darauf, zu wissen, welche Entscheidungen sechs Sekunden und welche sechs Monate dauern sollten.

Dieses Kapitel behandelt einige der Überzeugungen, Einstellungen und Annahmen, die sich auf die Fähigkeit Ihres Richters, gute Entscheidungen zu treffen, auswirken können.

Was stimmt nicht mit dieser Idee?

Der menschliche Verstand mag eine ungewohnte Idee so wenig wie der Körper ein ungewohntes Protein mag und wehrt sich dagegen mit einer ähnlich starken Energie.

– W.I. Beveridge, Wissenschaftler –

Wenn Ihr Richter eine neue Idee beurteilt, stellt er Fragen wie: „Wird sie Erfolg haben? Wieviel kostet sie? Wie lange dauert es, sie durchzuführen? Gibt es einen Markt dafür? Stehen Hilfsmittel dafür zur Verfügung? Wird es Spaß machen? Was werde ich daraus lernen? Wird sie mich zu anderen Möglichkeiten führen?" Im Verlauf dieser Sondierung sollte Ihr Richter die Idee sehr sorgfältig und genau untersuchen und herausfinden, was daran nicht stimmt. Aber hier möchte ich zur Vorsicht mahnen: einige Richter gehen zu weit und konzentrieren sich ausschließlich auf die Fehler und Nachteile der neuen Idee.

Was waren Ihre Kommentare über das Design der neuen Kaffeetasse? Wie viele andere Menschen haben Sie wahrscheinlich in etwa folgendes gesagt:

☞ Der Schwerpunkt ist zu hoch angesetzt.
☞ Man kann sie nicht hinstellen.
☞ Sie sieht aus, als würde sie leicht zerbrechen.
☞ Der Henkel ist zu klein.
☞ Das Design stimmt nicht.
☞ Lausige Ästhetik.

Beachten Sie, daß alle diese Kommentare negativ sind. Viele Menschen fragen nicht einmal, wo diese Tasse benutzt werden soll. Was, wenn sie auf dem Mond oder unter Wasser verwendet werden soll? Am Strand oder an einem Tisch mit Löchern drin, wie in einem Flugzeug oder auf einem Schiff?

Ihr Richter sollte wissen, daß er nicht nur herausfinden soll, was mit einer Idee nicht stimmt, sondern daß er Ihnen auch sagen sollte, worauf man bei dieser Idee weiter aufbauen kann, und außerdem soll er Ihnen dafür phantasievolle Vorschläge machen. Ein guter Richter weiß, daß manchmal ein Nachteil an einer Idee – und wenn er einfach nur interessant ist – als Sprungbrett zu einem brauchbaren, kreativen Einfall dienen kann. Mit einer konstruktiven Einstellung könnte er die Kaffeetasse betrachten und vielleicht sagen:

- ✔ Das ist gut, der Kaffeesatz würde sich da absetzen, wo man ihn nie schmecken würde.
- ✔ Das wäre großartig für den Strand – einfach in den Sand stecken.
- ✔ Genau richtig, um die Tasse durch die Reling eines Schiffes zu klemmen.
- ✔ Sie könnte dazu dienen, Zutaten wie Sahne, Honig, Zucker oder Whisky vorher abzumessen.

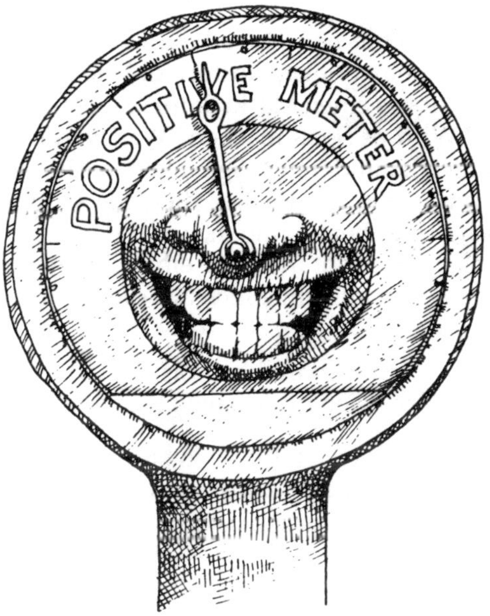

Ihr Richter sollte daran denken, daß seine Gesamtfunktion darin besteht, bei der Produktion von guten Einfällen zu helfen und nicht darin, in der Schönheit seiner Kritik zu schwelgen. Um einer Tendenz zum Negativen entgegenzuwirken, sollten Sie sich zunächst auf die positiven und interessanten Seiten einer Idee konzentrieren. Das Negative stellt sich dann leicht genug ein.

Tip: Der Dramatiker Jerome Lawrence hat eine Beurteilungstechnik – er nennt sie das „kreative Nein" – die er immer dann anwendet, wenn er mit jemand anderem zusammenarbeitet. Es funktioniert so: Jeder der beiden Partner kann sein Veto gegen die Idee des anderen einlegen. Wenn jedoch einer dieses Einspruchsrecht geltend macht, verpflichtet er sich damit, eine neue Idee zu entwerfen, die beiden Partnern gefällt. Dadurch wird die Kritik nicht nur destruktiv, sondern ebenso konstruktiv.

Was, wenn es mißlingt?

- Ein Schiff im Hafen ist sicher, aber das ist nicht das, wofür Schiffe gebaut wurden.
  – Grace Hopper, Erfinderin
- Es liegt ebensoviel Risiko darin, nichts zu tun, wie darin, etwas zu tun.
  – Trammel Crow, Stadtplaner
- Auf Nummer Sicher zu gehen, hat noch niemandem eine Bedeutung verliehen.
  – Harry Gray, Geschäftsführer
- Ich wünschte, ich hätte mehr Champagner getrunken.
  – die letzten Worte von John Maynard Keynes, Ökonom

Jede Unternehmung hat ihre Risiken. Ob Sie die Farben für Ihr Wohnzimmer auswählen, oder ob Sie sich um die Fernsehrechte für die nächste Olympiade bewerben, es gibt immer die Möglichkeit, daß es mißlingt. Vielleicht mischt der Angestellte im Geschäft die Farben falsch zusammen. Vielleicht ist Ihr Angebot viel zu hoch, oder nicht hoch genug. Risiko ist ebensosehr am kreativen Prozeß beteiligt, wie daran, die Straße zu überqueren, oder sich zu verlieben. Schließlich könnten Sie immer überfahren werden, oder Ihr Herz kann brechen, oder Sie können scheitern.

Ein wesentlicher Teil der Beurteilung durch den Richter besteht in der Einschätzung dieses Risikos und darin, die Chancen für den Erfolg und das Mißlingen der Idee zu berechnen. Es ist einleuchtend, daß der Richter seinem Krieger nicht eine Idee geben will, die zum Scheitern verurteilt ist. Aber es ist ihm auch klar, daß nichts todsicher ist. So wie für die „unsinkbare" *Titanic*, gibt es da draußen für jede „100%ig sichere Sache" einen dafür bestimmten Eisberg.

Also, was tun Sie? Sie sehen ein, daß – als Richter – ein großer Teil des kreativen Denkens darin besteht, keine Angst vor dem Mißlingen zu haben. Man kann nämlich tatsächlich zu konservativ sein. Oder, wie der Komiker Woody Allen meinte: „Wenn Sie nicht ab und an scheitern, ist das ein Zeichen dafür, daß Sie nichts Neues versuchen." Sicher macht niemand gerne Fehler, aber wenn Sie es tun, versuchen Sie, sich die folgenden Vorteile davon bewußtzumachen. Erstens, Sie lernen was nicht funktioniert, und das gibt Ihnen die Gelegenheit, neue Ideen und Herangehensweisen zu probieren. Wie der Schriftsteller James Joyce sagte: „Die Irrtümer eines Menschen sind seine Eingangstore zu den Entdeckungen." Zweitens, Sie lernen, daß das

Leben weitergeht. Einige Menschen sind so besorgt über die Möglichkeit des Mißlingens, daß sie niemals etwas Neues versuchen. Und, drittens, falls Sie wirklich Angst vor dem Scheitern haben, dann können Sie dies als Antrieb dazu verwenden, Ihr Urteilsvermögen zu schärfen.

Leider haben viele von uns gelernt, daß es schlecht ist, wenn etwas mißlingt. In der Schule lernt man:

Über 90% richtig = „sehr gut"

Über 80% richtig = „gut"

Über 60% richtig = „befriedigend"

Über 40% richtig = „ausreichend"

Und weniger als 40% ist ungenügend.

Mit dieser Art von Bewertungssystem lernt man, daß man ein „befriedigend" bekommt, wenn man sich nur in etwa 25% der Fälle irrt. Und noch wichtiger ist, man lernt bald, sich nicht in Situationen zu begeben, wo man versagen könnte. Das Problem ist, daß dies zu konservativen Denk- und Handlungsmustern führen kann. Diese sind vielleicht für vieles was Sie tun in Ordnung, aber sie sind unangemessen, wenn Sie versuchen, eine neue Idee umzusetzen. Wenn die Wahrscheinlichkeit, damit Erfolg zu haben, nur 50% beträgt, die Gewinnquote aber bei 10 zu 1 liegt wenn es gelingt, dann wäre Ihr Richter ein Idiot, wenn er es nicht versuchen würde – besonders, wenn er imstande ist, den Krieger für seine Rolle anzuspornen.

Ein kreativer Richter macht einen Unterschied zwischen *Irrtümern der Unternehmung* (Irrtümer, die man begeht, wenn man etwas Neues probiert) und *Irrtümern der Unterlassung* (Irrtümer, die man begeht, indem man nichts tut und dabei vielleicht eine Gelegenheit verpaßt). Manchmal ergeht es demjenigen, der überhaupt nichts tut (und dabei keinerlei Fehler macht), schlechter als demjenigen, der einiges ausprobiert und dabei Fehler macht. Edison kannte 1800 Arten, wie man eine Glühbirne nicht bauen kann. Einer von Madame Curies Fehlschlägen war das Radium. Kolumbus dachte, er habe Ostindien entdeckt. Freud hatte etliche schwere Fehlschläge, bevor er die Psychoanalyse erfand. Die erste Zusammenarbeit von Rodgers und Hammerstein war ein solcher Flop, daß sie jahrelang nicht mehr zusammenkamen. Tatsächlich ist die gesamte Geschichte des Denkens nämlich voller Menschen, die am „falschen" Bestimmungsort ankamen.

Charles Kettering von General Motors, einer der großen kreativen Denker dieses Jahrhunderts, hatte folgendes zu sagen zu dem Thema, wie wertvoll es ist, wenn man lernt zu scheitern: „Ein Erfinder ist einfach ein Mensch, der seine Bildung nicht allzu ernst nimmt. Ein Mensch muß von der Zeit, wo er sechs Jahre alt ist, bis zu seinem Universitätsabschluß drei oder vier Prüfungen im Jahr ablegen. Wenn er einmal durchfällt, ist er draußen. Aber ein Erfinder scheitert fast immer. Wenn er einmal Erfolg hat, ist er drin. Diese beiden Dinge verhalten sich genau entgegengesetzt. Wir sagen oft, daß unsere größte Arbeit die ist, einem neu eingestellten Angestellten beizubringen, wie man auf intelligente Art scheitert. Wir müssen ihn oder sie dazu trainieren, immer und immer wieder zu experimentieren und weiter zu versuchen und zu scheitern, bis er oder sie lernt, was funktioniert."

Übung: Was sind die beiden größten Risiken, die Sie jemals eingegangen sind? Hatten Sie Erfolg damit? Welches Risiko sind Sie eingegangen, das sich nicht gelohnt hat? Haben Sie dadurch Ihre Urteilsfähigkeit verbessert?

Manchmal besteht das Mißlingen einfach in der richtigen Idee zur falschen Zeit. Der Technologie-Experte Robert Gelber erklärte: „Vergessen Sie nie, daß der großartigste Einfall zur falschen Zeit ein Verlierer ist. Wenn man sich die ‚Ersten' betrachtet, bei denen es sozusagen um Sekunden ging, dann sprach für sie deren Timing. So wie es auf dem Immobilienmarkt auf die Lage, die Lage und nochmals die Lage ankommt, so kommt es bei Ideen auf das Timing, das Timing und nochmals das Timing an."

Fragen Sie sich selbst: Ist das Timing für diese Idee richtig? Wie wäre es, wenn ich sechs Monate warte, bevor ich sie durchführe? Welche Vorteile würden damit gewonnen oder verloren? Wie wäre es gewesen, wenn ich es vor sechs Monaten getan hätte?

Von welchen Voraussetzungen gehe ich aus?

Übung: Hier ist eine Gelegenheit für Sie, Sherlock Holmes zu spielen. Sie betreten ein Zimmer und finden John und Mary tot am Boden liegend. Überall um sie herum ist zerbrochenes Glas und Wasser. Ihr Job ist, herauszufinden, wie sie gestorben sind.

Übung: Eine Frau geht in ein Geschäft, um etwas für ihr Haus zu kaufen. Sie fragt nach dem Preis. Der Verkäufer antwortet: „Der Preis für Eins ist sechs Mark. Der Preis für Fünfundzwanzig ist zwölf Mark, und der Preis für Einhundertundvierundvierzig ist achtzehn Mark.“ Was möchte die Frau kaufen?

Voraussetzung bildet die große Erfolgsstory des Verstandes. Weil man fähig ist, aus vergangenen Erfahrungen zu lernen, kann man voraussehen, was man in den verschiedenen Situationen, denen man alltäglich begegnet, zu erwarten hat, und man kann in angemessener Weise darauf reagieren. Wenn zum Beispiel Ihr Chef während der letzten sieben Montage miese Laune hatte, dann werden Sie wahrscheinlich *voraussetzen*, daß der kommende Montag nicht die richtige Zeit ist, um ihn wegen einer Gehaltserhöhung anzugehen. Somit helfen unsere Voraussetzungen dabei, uns in der Welt zurechtzufinden. Das Problem für das kreative Denken besteht darin, daß wir manchmal unser Denken in die falsche Richtung lenken lassen.

Zu einer Übung, die ich gerne in meinen Workshops mache, gehört das Basteln von Papierfliegern. Ich teile die Teilnehmer in Teams auf und gebe jedem Team fünfzig Papierbögen. Dann ziehe ich eine Linie an der hinteren Seite des Raumes. Jedes Team hat fünf Minuten, um herauszufinden, wie viele Flieger sie herstellen können, die über diese Linie fliegen. Das Team mit den meisten Treffern gewinnt. Die übliche Vorgehensweise ist die, das Papier in die herkömmliche Papierfliegerform zu falten. Das Gewinner-Design ist jedoch, das Papier zu einem Ball zusammenzuknüllen und es zu werfen. Es „fliegt“ immer hinter die Linie, und das ist das einzige Kriterium, das es bei dieser Übung zu erfüllen gilt. Weil viele Menschen schon „wissen“, wie ein Papierflieger auszusehen hat, belegen sie ihr Denken mit unnötigen Beschränkungen. Auf ähnliche Weise vorverurteilen viele Leute einen neuen Einfall und geben sich selbst nie die Gelegenheit, die richtigen Fragen zu stellen. Thomas Edison fand einen Weg, um das zu vermeiden. Immer wenn er dabei war, einen neuen Angestellten einzustellen, lud er den Kandidaten beim Mittagessen zu einem Teller Suppe ein. Dann beobachtete er diese Person sehr genau, um zu sehen, ob sie die Suppe salzte, bevor sie davon kostete. Falls der Kandidat das tat, bekam er den Job nicht. Edison fand, daß wir durch die Anforderungen des täglichen Lebens viele Voraussetzungen in unser Denken eingebaut haben. Er wollte nicht, daß seine Leute „ihre Erfahrung des Lebens salzten, bevor sie sie kosteten“.

Wie ist es Ihnen mit der Sherlock Holmes-Übung am Beginn dieses Abschnitts ergangen? Wie sind John und Mary zu Tode gekommen? War es Mord? Wurden sie vergiftet oder erschossen? Vielleicht wurden sie mit zerbrochenem Glas erstochen? Hat sie ein Hurrikan ertränkt? Diese Erklärungen sind plausibel in Anbetracht der Informationen, die man Ihnen gegeben hat und unter der *Voraussetzung*, daß es sich bei John und Mary um Menschen handelt. Aber lassen Sie uns annehmen, daß es keine Menschen sind. Wenn Sie davon ausgehen, daß es Goldfische sind, dann könnten Sie zu einem anderen Urteil gelangen. Vielleicht ist die Katze gekommen und hat das Goldfischglas vom Tisch gestoßen.

In eine ähnliche Richtung denken viele Leute, wenn sie bei der Aufgabe mit der Frau im Geschäft annehmen, daß 1, 25 und 144 die *Menge* der Gegenstände bedeutet, die die Frau kaufen möchte. Wenn Sie aber statt dessen annehmen, daß sie die Gegenstände *sind*, dann kommen Sie darauf, daß die Frau Hausnummern kauft und daß deshalb „144" nur dreimal soviel kostet wie „1".

Ein Grundschullehrer erzählte mir die folgende Geschichte über eine Kollegin, die ihren Erstkläßlern eine Aufgabe zum Ausmalen gab:

> Die Anweisungen lauteten: „Auf diesem Papierbogen findet ihr die Umrisse von einem Haus, Bäumen, Blumen, Wolken und Himmel. Bitte malt jedes in den richtigen Farben aus."
>
> Eine der Schülerinnen, Patty, gab sich mit ihrer Zeichnung viel Mühe. Als sie sie zurückbekam, war sie sehr überrascht, darauf eine schlechte Zensur zu finden. Sie bat die Lehrerin um eine Erklärung. „Ich habe dir deshalb die schlechte Note gegeben, weil du dich nicht an die Anweisungen gehalten hast; Gras ist grün, nicht grau, und der Himmel sollte blau sein, nicht gelb, wie du ihn gemalt hast. Warum hast du nicht die normalen Farben verwendet, Patty?"
>
> Patty anwortete: „Weil das so aussieht, wie ich es sehe, wenn ich morgens früh aufstehe, um den Sonnenaufgang zu beobachten."

Die Lehrerin hatte vorausgesetzt, daß es nur eine richtige Antwort gab.

Der Vorrat an Erfahrungen Ihres Richters ist eine großartige Quelle. In bestimmten Situationen kann seine Unkenntnis jedoch ebenso wertvoll sein. Zu vergessen, was Sie wissen, kann – im geeigneten Moment – zu guten Einfällen führen. Ohne die Fähigkeit zu vergessen, bleibt Ihr Kopf vollgestopft mit vorgefertigten Antworten, und Sie erhalten nie die Gelegenheit, die richtigen Fragen zu stellen. Denken Sie daran: jeder hat die Fähigkeit zu vergessen. Die Kunst besteht darin, zu wissen, wann man sie verwendet. Der Romancier Henry Miller hat einmal gesagt, sein „Vergeßtnis" sei ebenso wichtig für seinen Erfolg gewesen wie sein Gedächtnis.

Sind meine Annahmen noch gültig?

Es ist wichtig, sich zu versichern, ob die eigenen Annahmen noch aktuell sind. Da sie auf vergangenen Erfahrungen basieren, treffen einige von uns ihre Entscheidungen wie der Autofahrer, der sein Auto über die Autobahn steuert, indem er in den Rückspiegel sieht. Diese Vorgehensweise funktioniert ganz gut, solange das, was vor einem liegt, dem gleicht, was man kennt, aber falls vor Ihnen eine Kurve auftaucht, könnten Sie damit in Schwierigkeiten geraten. Deshalb muß Ihr Richter seine Voraussetzungen von der Welt ständig aktualisieren.

In Los Angeles gibt es eine Gruppe von russischen Immigranten, die den Neujahrsabend traditionellerweise am Nachmittag des 30. Dezember feiern. Als sie gefragt wurden, warum sie das Neue Jahr sechsunddreißig Stunden vor allen anderen begrüßten, sagte einer von ihnen: „Als wir in Osteuropa aufwuchsen, hatten wir nicht viel Geld, und es war billiger, eine Musikgruppe für den Nachmittag des 30sten zu mieten, als am nächsten Abend. Und so begann diese Tradition." Das Komische ist, daß heute die meisten dieser Leute recht wohlhabend sind, und sie könnten sich spielend eine Unterhaltung am Neujahrsabend leisten, aber sie feiern weiterhin am Nachmittag des 30. Die Pointe: Wenn eine Einstellung oder ein Glaube sich einmal festgesetzt haben, dann leben diese gewöhnlich weiter, sogar wenn der ursprüngliche Grund für deren Entstehung nicht mehr existiert.

Jede Situation oder jedes Problem hat etwas von den „Leuten, die zu früh feiern", aus Gründen, die überholt sind. Es können die Geschäftsformen sein, die Sie verwenden. Es könnte die Art sein, wie Sie Ihr Kind disziplinieren. Es könnten die Marktchancen sein, die Sie sich für ein neues Produkt ausrechnen. Es könnte das Alter sein, zu dem Sie beschließen, in Pension zu gehen. Tatsächlich ist das in vielen westlichen Ländern verbreitete Pensionsalter von 65 eines der besten Beispiele für dieses Phänomen. Im Jahre 1870 setzte der Deutsche Kanzler Otto von Bismarck ‚65' willkürlicherweise als das Alter fest, zu dem die Beamten in den Ruhestand treten und eine Pension erhalten konnten. Diese Entscheidung war steuerlich betrachtet sinnvoll, denn die durchschnittliche Lebenserwartung lag damals beträchtlich unter 65 Jahren. Das Problem ist, daß die Lebenserwartung heute viel höher als 65 Jahre ist, und doch wird dieses Alter beibehalten, obwohl eine vernünftige Beurteilung unter steuerlichen Gesichtspunkten etwas anderes empfehlen könnte.

Um effektiv zu sein, sollte Ihr Richter nach veralteten Ideen Ausschau halten. Dies ist nämlich tatsächlich einer der Kerngedanken des kreativen Denkens.

Es ist leicht, neue Ideen hervorzubringen;
der schwierige Teil besteht darin, das loszulassen, was
vor zwei Jahren für Sie funktioniert hat, was aber bald
überholt sein wird.

Was sind meine kulturellen Vorurteile?

So sehr werden die Maßstäbe für vorzügliche Leistung von Zeit und Ort bestimmt, daß man sozusagen hören kann, wie sich einer in einer Straße mit etwas brüstet, was er in der nächsten ängstlich verbergen würde.

– Dr. Johnson, Lexikograph –

Übung: Ganz schnell, welche Linie ist länger? Linie AB oder BC?

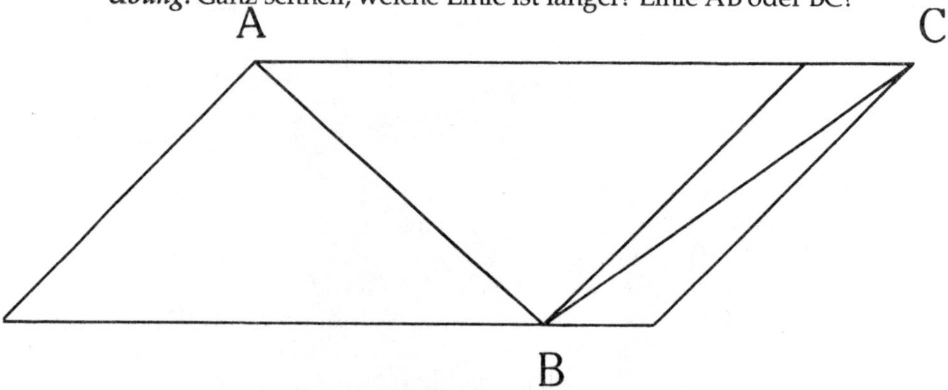

Sander-Parallelogramm

Übung: Lassen Sie uns annehmen, daß Sie sich mitten in einem Bürgerkrieg befinden. Es gibt zwei Armeen, die sich bekämpfen, eine „rote" Armee und eine „weiße" Armee. Wenn Sie sich nur auf die Assoziation, die Sie zu jeder dieser Farben haben, beziehen, welcher Armee würden Sie Ihre Unterstützung geben?

Manchmal haben wir unsere Voraussetzungen so tief in unser Denken eingeprägt, daß wir uns nicht einmal darüber bewußt sind, daß sie unser Denken bestimmen. Der Ursprung vieler dieser tiefverwurzelten Voraussetzungen ist unsere Kultur. Es gibt viele Arten von Kultur: die Kultur der Lastwagenfahrer, die Kultur der Manager, die Kultur der Jogger, die Kultur der Drittkläßler, undsoweiter. Was in der einen Kultur selbstverständlich ist, kann in der anderen fremdartig sein.

Ein Weg, wie man verstehen kann, wie sehr unsere Kultur unser Denken formt, ist, diese zu verlassen. Zum Beispiel, vor einigen Jahren, als ich in Deutschland lebte, ging ich zu einer Neujahrsparty in Hamburg. Es war ein angenehmer Abend: gutes Essen, gutes Trinken, gute Leute. Um etwa 22.30 Uhr brachte jemand eine große Schüssel Popcorn.

Ich dachte, „Toll, ich habe seit über sechs Monaten kein Popcorn gegessen“, und ich langte in die Schüssel und stopfte eine große Handvoll in den Mund. War ich überrascht! Ich hatte natürlich Salz erwartet. Wie ich an diesem Abend lernte, ist es in einigen Gegenden von Nordeuropa üblich, Zucker auf Popcorn zu streuen.

Wie sind Sie mit dem Sander-Parallelogramm verfahren? Welche Linie haben Sie als länger beurteilt? Die meisten antworten Linie AB. Wenn Sie jedoch nachmessen, stellen Sie fest, daß BC tatsächlich 10% länger ist. Warum sehen wir das nicht? Ein Grund dafür ist, daß wir in einer Welt der geraden Linien leben. Überall gibt es rechte Winkel: an Fenstern, Türen, Büchern und Papierbögen. Es ist jedoch selten, daß Sie diese rechten Winkel als gerade Linien sehen. Sie *sehen* sie gewöhnlich als Parallelogramm. Aber da Sie *wissen*, daß es Rechtecke sind, machen Sie eine geistige Angleichung und *glauben* von ihnen, daß es rechte Winkel sind. Das ist der Grund für die Täuschung. Wenn dieselbe Übung Menschen gezeigt wird, die in einer „runden“ Welt leben (ländliches Uganda), sagen sie, daß BC länger ist.

Wie haben Sie die Bürgerkriegs-Frage gelöst? Wenn Sie sagen, daß Sie die „weiße“ Armee unterstützen würden, hielten Sie es mit der Mehrheit. Die meisten von uns verbinden die Farbe Weiß mit so positiven Begriffen wie „Reinheit“, „Schönheit“, „Keuschheit“ und „Gerechtigkeit“, und die Farbe Rot beschwört herauf „Gefahr“, „Blut“ und „Kommunismus“. Nun, diese Situation – eine Rote Armee kämpft gegen eine Weiße Armee – fand tatsächlich statt, in Rußland, während des Bürgerkriegs. Zu Beginn des Konflikts hatte die Weiße Armee einen materiellen Vorteil gegenüber der Roten Armee, aber sie haben im weiteren Verlauf verloren. Es gab viele Gründe für ihre Niederlage, aber einer davon hatte mit den Farbassoziationen zu tun, die die meisten Russen zu Rot und Weiß haben. Rot ist synonym für „Schönheit“, „Mohnblüten im Frühling“, und die „Erneuerung des Lebens“, während Weiß Bilder hervorruft von „Kälte“, „Schnee“, „Exil“, „Sibirien“ und von anderen negativen Erlebnissen.

Mein Lieblingsbeispiel für kulturelle Verwirrung ist, wie der Psychologe Paul Watzlawick beschreibt, was passierte, als amerikanische Soldaten während des Zweiten Weltkriegs mit britischen Frauen ausgingen. Das Problem war, daß sowohl die Frauen als auch die Männer sich gegenseitig vorwarfen, sie seien sexuell aggressiv. Wie kam es dazu? Die Antwort: die Signale wurden durcheinandergebracht. Anthropologen sagen, daß es in jeder Kultur eine aus ungefähr dreißig Schritten bestehende Prozedur des Werbens gibt, angefangen mit dem ersten Blickkontakt, bis zur sexuellen Beziehung. Das Interessante daran ist nun, daß diese Schritte nicht in allen Kulturen in der gleichen Reihenfolge angeordnet sind. Nach dem nordamerikanischen Modell rangiert das Küssen ungefähr auf Platz Nr. 5 – es ist eine freundliche Art, die Beziehung zu beginnen. In England vor dem Zweiten Weltkrieg war das Küssen ungefähr Schritt Nr. 25 – es galt als eine äußerst erotische Handlung. Jetzt stellen Sie sich vor, was passiert, wenn ein amerikanischer GI und eine Engländerin zusammenkommen. Sie haben die eine oder andere Verabredung, sie gehen miteinander aus, und dann denkt sich der Soldat: „Ich werde ihr einen Kuß geben, um die Beziehung in Gang zu bringen." Er küßt sie, und sie ist verblüfft. Sie denkt: „Das sollte nicht vor dem Schritt Nr. 25 passieren." Darüber hinaus fühlt sie sich um 20 Schritte im Ritual des Werbens betrogen. Aber nun muß sie eine Entscheidung treffen: entweder sie bricht die Beziehung ab, weil er zu schnell zu weit gegangen ist, oder sie macht sich bereit für den Geschlechtsverkehr, weil es ja nur noch fünf Schritte bis dahin sind. Aus der Sicht des Mannes ist die Situation ebenso verwirrend: sie reagiert entweder wie eine Hysterikerin oder wie eine Nymphomanin.

Was ich mit diesen Übungen und Geschichten sagen will, ist, daß das Leben ein Spiel ist, und jede Kultur hat andere Regeln. Diesen blindlings zu folgen, kann Ihren Richter dazu bringen, schlechtfundierte Entscheidungen zu treffen.

Was trübt mein Urteil?

Einige Menschen haben eingebaute Filter, die die Buhs ausblenden und die Hurrahs verstärken. Das sind die Leute, die nie wissen, wann sie in Schwierigkeiten sind.

– Tommy Davis, Investor –

Ich sage Ihnen, Wellington ist ein schlechter General, die Engländer sind schlechte Soldaten; wir werden diese Angelegenheit bis zum Mittag erledigt haben.

– Napoleon Bonaparte, beim Frühstück mit seinen Generälen am Morgen der Schlacht von Waterloo –

Nichts trübt das Urteil Ihres Richters so sehr, wie das Dogma. Dieses Dogma kann von einer äußeren Autorität stammen, oder es kann aufgrund vergangener Erfolge selbst erzeugt worden sein. Hier sind einige Beispiele.

Kein Geringerer als Plato selbst bestimmte, daß der Kreis die perfekte Form sei für die Bewegung der Himmelskörper, und während der nächsten zwei Jahrtausende sagten die Astronomen, daß die Umlaufbahn der Planeten kreisförmig sei – obwohl ihre Beobachtungen nicht ganz damit übereinstimmten. Sogar Kopernikus verwendete Kreise in seinem heliozentrischen Modell des Universums. Erst nach eingehender Gewissensprüfung hat Kepler dann die Ellipse verwendet, um die himmlischen Pfade zu beschreiben.

Joseph Semmelweiß, der ungarische Arzt, der im 19. Jahrhundert lebte, fand, daß Ärzte die Verbreitung von Krankheiten vermindern könnten, indem sie ihre Hände in Chlorkalkwasser waschen, bevor sie ihre Patienten untersuchen. Seine Kollegen – weil sie dachten, Ärzte seien so etwas wie Götter – wiesen die Unterstellung, daß sie „mit ihren Händen den Tod herumtragen", in aller Schärfe zurück und prangerten ihn öffentlich an. Die später erfolgte Entdeckung der Bakterien bewies, daß Semmelweiß recht hatte.

Wenn man mit einer Reihe von Annahmen einen großen Erfolg hatte, kann das leicht eine dogmatische Einstellung erzeugen. Edison gründete die mit Gleichstrom arbeitende Elektrizitätsindustrie. Deshalb war er nicht imstande, die Vorteile des Wechselstroms zu sehen, noch die Tatsache, daß die Zukunft der Industrie bei dieser Art von Strom lag.

Henry Ford war damit erfolgreich, daß er Autos in nur einer Farbe lieferte („Jede Farbe, die Sie wollen, solange es Schwarz ist"). Er glaubte, daß er damit ein Rezept hatte, das funktioniert, und er wollte es nicht ändern. Das hielt ihn nach dem Ersten Weltkrieg davon ab, den Aufstieg einer Klasse von Konsumenten zu sehen, die eine Vielfalt von Modellen und Farben zur Auswahl haben wollte. Die Folge davon war, daß Ford Marktanteile an General Motors verlor.

Um richtige Entscheidungen zu treffen, sollte Ihr Richter vermeiden, sich in Einfälle zu verlieben – besonders in solche, die ihm in der Vergangenheit Erfolg gebracht haben.

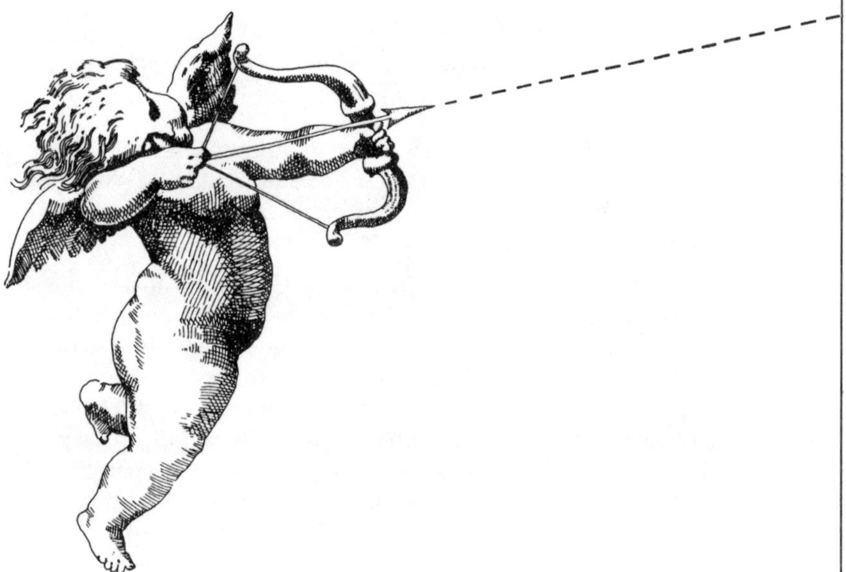

Übung: In welche Ideen sind Sie verliebt, die Sie daran hindern könnten, die Dinge klar zu sehen?

Der Narr macht eine Aussage

Gelegentlich hat der Richter das Bedürfnis, die Luft rauszulassen, und ein bißchen verrückt zu spielen. Eine Übung, die ich jedem Richter zur Nachahmung empfehlen würde, heißt „Die Narren und die Regeln". Darin ziehen Sie Ihre grundlegenden Glaubenssätze und Annahmen durch den Kakao. Indem Sie das tun, könnte es sein, daß Sie entdecken, daß einige Ihrer Annahmen veraltet oder dogmatisch sind und dadurch Ihr Denken beeinträchtigen. Zumindest macht es einen Riesenspaß.

Hier sind einige Beispiele:

Regel: Wir sollten ein „hervorragendes Management" haben.

Narr: Im Gegenteil, wir brauchen mehr mittelmäßige Manager. Das würde dabei helfen, das Problem der Arbeitslosigkeit zu lösen, weil ein 08/15-Manager mehr Leute für die Erledigung der Arbeit braucht als ein hervorragender Manager. Schlechte Manager würden den Preis der Ware mindern, so daß mehr Leute sie sich leisten könnten. Schlechtes Management erhöht ebenfalls die Effizienz. Damit überhaupt irgend etwas erledigt wird, müssen die anderen Systeme ausgezeichnet funktionieren.

Regel: Unsere Geschäftspolitik: kein Alkohol während der Arbeit.

Narr : Natürlich sollten wir bei der Arbeit Alkohol trinken. Es wäre ein Ansporn dafür, zur Arbeit zu kommen. Nicht nur das, es würde auch den Streß mindern und dazu führen, daß man ehrlicher miteinander redet. Unsere Kollegen würden besser aussehen. Es gäbe weniger Beschwerden über die geringe Bezahlung. Es würde die Fehlquote senken – man könnte mit einem Kater bei der Arbeit erscheinen. Es würde die

Kommunikation verbessern; Sie würden Ihrem Chef genau das sagen, was Sie denken. Man könnte damit im Winter Heizkosten sparen, und es würde dabei helfen, Fahrgemeinschaften zu bilden. Damit würde die Unzufriedenheit mit der Arbeit abnehmen; falls man einen schlechten Job hätte, würde man es nicht merken. Schließlich würde es die Urlaube eliminieren: die Leute würden lieber arbeiten gehen.

Übung: Nehmen Sie sich einen von Ihren Glaubensgrundsätzen und ziehen Sie ihn durch den Kakao.

Die Entscheidung treffen

Wenn Sie zu viel Zeit mit dem Aufwärmen
verbringen, verpassen Sie das Rennen.
Wenn Sie sich überhaupt nicht aufwärmen,
könnte es sein, daß Sie das Rennen nicht
bis zum Ende schaffen.

– Grant Heidrich, Läufer –

Das Wichtigste, was Ihr Richter tun muß, ist, eine Entscheidung zu treffen. Wenn er es nicht tut, behindert er den kreativen Prozeß. Manchmal hat man nur ein paar Sekunden, um eine Situation zu beurteilen. Manchmal hat man sechs Monate. Manchmal sind Ihre Informationen unvollständig. Manchmal haben Sie zu viele davon. So ist das Leben. Sie müssen sich entscheiden, was mit der Idee geschehen soll: Ja oder Nein.

Tip: Der Erfinder Bob Metcalfe hat es gut ausgedrückt, als er sagte: „Lassen Sie sich auf Ihrer Suche nach der großartigen Idee nicht blenden für die lediglich gute oder vielversprechende Idee. Manchmal ist das alles, was der Krieger braucht. Falls es eine großartige Idee ist, umso besser. Aber wenn Sie alles ablehnen, was nicht das absolut Beste ist, könnte es dazu kommen, daß Ihr Krieger dasteht und nichts zum Kämpfen hat." Donald Kennedy, der Rektor der Stanford University, denkt ähnlich darüber: „Viele enttäuschte Menschen sind an der Straßenecke zurückgeblieben, wo sie auf den Bus der Linie ‚Vollkommenheit' gewartet hatten."

Noch ein Tip: Es ist wichtig, bei der Entscheidungsfindung rational zu sein, aber ignorieren Sie dabei nicht Ihren Instinkt. Jemand erzählte mir: „Wenn ich einen Einfall habe, der nicht verschwindet, dann muß ich es tun. Dazu braucht man ziemlich viel Selbstvertrauen, aber ich finde, daß es funktioniert." Jemand anderer sagte: „Wenn ich drei Einfälle habe, und ich empfinde eine große Leidenschaft für einen davon, dann ist es dieser, für den ich meine Zeit einsetze."

Zusammenfassung

Der Richter erfüllt die Beurteilungsfunktion im kreativen Prozeß. Wenn Sie diese Rolle annehmen, entscheiden Sie, was mit der Idee gemacht werden soll: sie durchzuführen, sie zu verändern, oder sie gänzlich aufzugeben. Indem Sie diese Aufgabe wahrnehmen, sollten Sie Mängel an neuen Ideen erkennen, ohne sie überzubetonen. Sie sollten auch interessanten Möglichkeiten gegenüber offen sein und Ihre Phantasie dafür einsetzen, diese zu entwickeln, ohne daß Sie dabei Ihren Sinn für die Realitäten und Ihre Perspektive verlieren.

Es ist eine Kunst daran, wie man Richter ist. Auf der einen Seite müssen Sie kritisch genug sein, um sicherzugehen, daß Sie Ihrem Krieger eine Idee geben, für die es sich zu kämpfen lohnt; auf der anderen Seite müssen Sie aufgeschlossen genug sein, um nicht Ihren Künstler zu hemmen. Darüber hinaus müssen Sie kalkulieren, welche Entscheidungen eine kurze Zeit dauern, und für welche viele sorgfältige Untersuchungen notwendig sind. Wenn Sie das nicht tun, könnten Sie Gelegenheiten verpassen, weil Sie nicht schnell genug waren, oder Sie treffen falsche Entscheidungen, weil Sie Ihre Hausaufgaben nicht gemacht haben.

Wenn es eine Rolle gibt, in der die Leute häufiger steckenbleiben als in allen anderen, dann ist es die des Richters. Dafür gibt es drei wichtige Ursachen. Erstens, es gibt einfach viel Mist, viele Tricks und Täuschungsmanöver in der Welt, und Sie brauchen Ihren Richter, um da durchzukommen. Zweitens, es ist die Rolle, die den geringsten Aufwand an Energie erfordert. Es ist leichter zu kritisieren als zu forschen, eine Form zu finden, oder zu handeln. Und drittens, es ist die Rolle mit dem geringsten Risiko. Ihr Forscher könnte sich verirren, Ihr Künstler könnte zurückgewiesen werden, und Ihr Krieger könnte verletzt werden. Denken Sie jedoch daran, daß der Richter weder etwas kreiert, noch etwas ausführt, und wenn Sie Ihre gesamte Zeit in dieser Rolle verbringen, werden Sie nicht viel zustande bringen.

Letztendlich ist Ihr Richter nicht perfekt. Schließlich kennen wir alle großartige Einfälle, die sich als mittelmäßig erwiesen haben ... und mittelmäßige Ideen, die sich als großartig herausstellten.

Die Waagschale des Richters

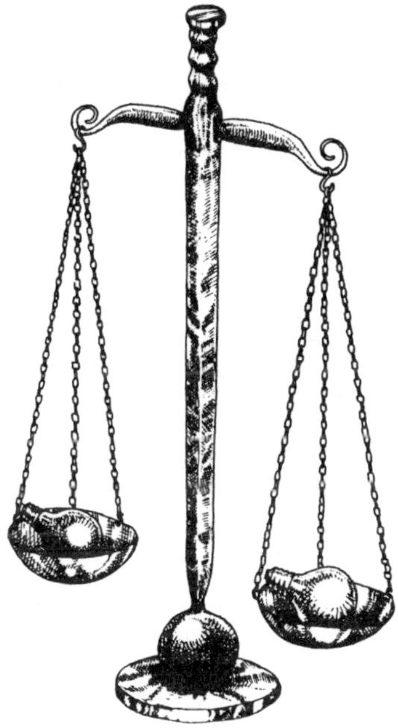

Objektives:
Was bedeutet die Idee?

Positives:
Was daran ist interessant und wert, darauf aufzubauen?

Negatives:
Was sind die Nachteile der Idee?

Wahrscheinlichkeit: Wie stehen die Chancen für den Erfolg?

Absturz: Was kann gerettet werden, wenn es mißlingt?

Reife: Ist das Timing für diese Idee richtig?

Stichtag: Wieviel Zeit haben Sie, um eine Entscheidung zu treffen?

Vorurteile: Von welchen Voraussetzungen gehen Sie aus?

Aktualität: Sind diese Voraussetzungen nach wie vor gültig?

Schwacher Punkt: Von welchen Annahmen gehen Sie aus, über die Sie sich nicht einmal bewußt sind?

Arroganz: Waren Sie in der Vergangenheit mit ähnlichen Ideen erfolgreich? Falls ja, könnte Sie dieser Erfolg daran hindern, die Fallstricke an dieser Idee zu sehen?

Humor: Was würde ein Narr über diese Idee sagen?

Urteil: Wie lautet Ihre Entscheidung?

Der Krieger

Ihre Rolle, mit der Sie Ihre Idee in die Tat umsetzen

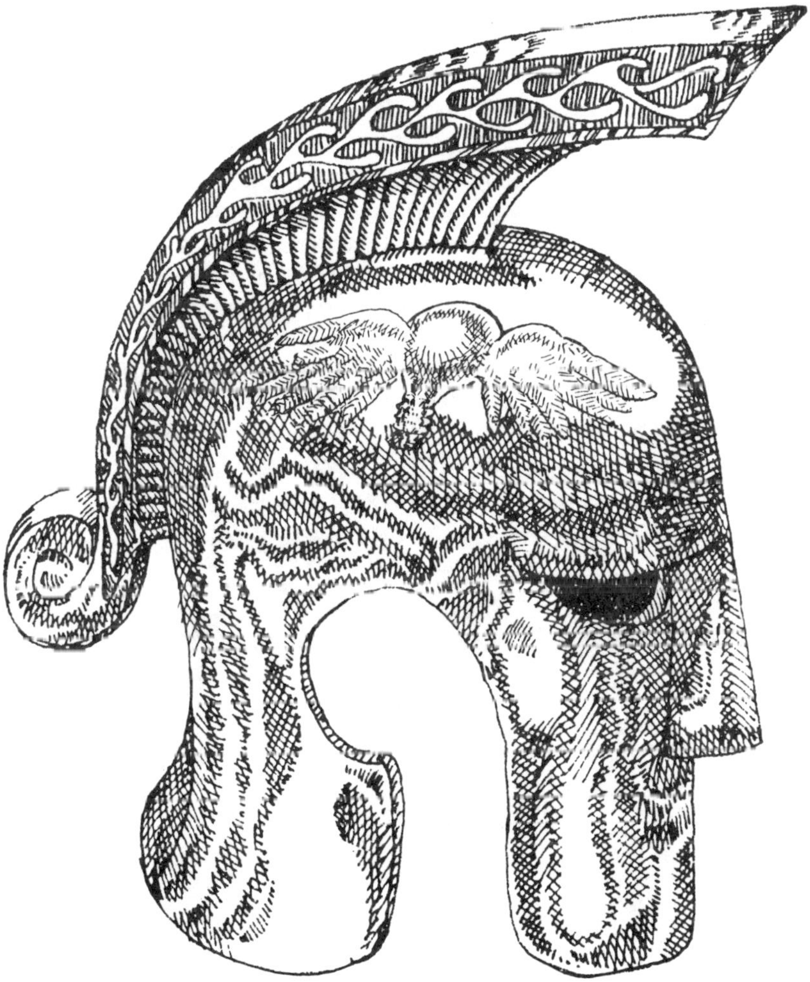

Sich aus dem „Was-Wenn" in das „Was-Ist" versetzen

Versuchen? Es gibt kein Versuchen.
Es gibt nur Tun oder Nicht-Tun.

– Yoda, in: *The Empire strikes back* –

Sie haben eine Idee, die Sie verwirklichen wollen. Was passiert als Nächstes? Eines von zwei Dingen: Etwas oder Nichts. *Etwas* geschieht, weil Sie die Verantwortung für die Idee übernehmen und das tun was notwendig ist, um sie durchzuführen. *Nichts* geschieht, weil Ihnen etwas im Weg liegt, und Sie haben nicht die Fähigkeit oder die Energie es zu umgehen. Leider landen viele Ideen in der zweiten Kategorie.

Der Grund dafür ist, daß das Hervorbringen der Idee der leichte Teil der Übung ist; sie erfolgreich durchzuführen ist eine andere Geschichte. Die Welt der Phantasie ist voll mit endlosen Möglichkeiten und unbegrenzten Mitteln. Die Welt der Tat ist anders. Hier sind die Mittel begrenzt, und noch weniger gibt es von diesem einmalig wichtigen Gut – der Zeit. Insofern gelangen nur wenige Ideen aus dem Reich des „Was-Wenn" in die Welt des „Was-Ist". Wie schon Goethe sagte: „Die eigenen Ideen in die Tat umzusetzen, ist die schwierigste Sache der Welt."

Zwei Grundregeln des Lebens sind:

1. Veränderung ist unvermeidlich.
2. Jeder vermeidet Veränderung.

Tatsächlich ist es so, daß vieles in der Welt Verteidigungsmechanismen gegen neue Ideen aufgebaut hat. Denken Sie nur an all die Mauern, Schutzschirme und Grenzen, die es gibt: Zellwände, die äußere Eiweißstoffe darin hindern, in den Körper einzudringen; Sekretärinnen, die Ihre Chefs gegen Anrufe abschirmen; die Körpersprache, die Sie in einem Aufzug anwenden, um Fremde davon abzubringen, mit Ihnen eine Unterhaltung zu beginnen.

Deshalb müssen Sie wahrscheinlich kämpfen, um Ihre Idee durchzuführen. Ihre Rolle, um dies zu tun, ist Ihr Krieger. Als ein Krieger sind Sie teilweise General und teilweise Fußsoldat. Sie entwickeln die Strategie und stellen Ihren Plan zusammen. Sie haben auch die Disziplin, sich in den Gräben durchzuschlagen und die Leidenschaft weiterzumachen, wenn die Sache schwierig wird. Kurz gesagt, wenn Sie diese Rolle annehmen, übernehmen Sie die Verantwortung für die Verwirklichung Ihrer Idee.

Wer ist ein Krieger? Es ist Alexander der Große, der das Persische Heer am Granicus-Fluß vernichtend schlug und Jeanne d'Arc, die die Belagerung Orleans durchbrach. Es ist Susan B. Anthony, eine der führenden Frauen der amerikanischen Bewegung für das Frauenwahlrecht, und Mahatma Gandhi, der dafür arbeitete, Indien die Unabhängigkeit zu bringen. Es ist ein Verkäufer, der eine schwer zu erreichende Verkaufsquote erzielt, weil es ihm nichts ausmacht, daß man in 90% der Fälle „nein" zu ihm sagt, und der weiterhin nach Kunden Ausschau hält. Es ist Ihr Nachbar in der Straße, der für eine Änderung in der örtlichen Verkehrszone eintritt und die Gemeinde davon überzeugen kann, daß sie genehmigt wird. Es ist ein Büroangestellter, der ausrechnet, wie man 10% der Kopierkosten sparen kann, und der seine Abteilung dazu bringt, das übliche Vorgehen zu ändern. Ob Ihr Schlachtfeld der gewerbliche Markt ist, wo Sie für Ihr Steuerberatungsbüro um neue Kunden konkurrieren, oder das Klassenzimmer, wo Sie eine Abschlußprüfung ablegen, Sie – als ein kreativ Denkender – müssen wie ein Krieger denken, wenn Sie eine Idee in die Tat umsetzen.

Hier ist ein Beispiel aus der eigenen Praxis. Vor einigen Jahren wollte ich eine Konferenz einberufen, auf der die weltbesten Erfinder aus dem Bereich der Hochtechnologie über die Zukunft ihrer Industrie sprechen sollten. Ich wollte, daß es eine hochkarätige Sache wird. Ich wollte, daß damit Denkanstöße gegeben werden. Und außerdem wollte ich natürlich, daß diese Konferenz gut besucht wird, damit es profitabel würde. Was tat ich? Ich stellte meinen Plan zusammen. Ich machte einen Termin mit einem erstklassigen Hotel aus. Ich fand heraus, welche die Kernfragen in diesem Industriebereich waren, und wen die Leute dazu hören wollten. Ich brachte einige wichtige Leute dazu, diese Idee zu unterstützen, um der Konferenz Gewicht zu verleihen. Ich stellte eine Liste von Rednern zusammen. Einige ließen meine Anrufe unbeantwortet. Ich machte Bekanntschaft mit ihren Sekretärinnen. Ich stellte fest, ob jemand von meinen Freunden diese Leute kannte, um ihnen zu erzählen, was für ein großartiges Projekt ich mache. Nach anstrengender Arbeit brachte ich mein Programm zustande.

Jetzt fing das eigentliche Vergnügen erst an: Ich mußte Werbung für die Konferenz machen. Schließlich wollte ich nicht, daß die weltbesten Erfinder zusammenkommen würden, um vor leeren Stühlen zu sprechen. Also stellte ich einen Werbeprospekt zusammen. Aber nicht irgendeinen Prospekt. Nein, er mußte sehr auffallend sein, damit er nicht ungeöffnet weggeworfen wird. Ich engagierte dafür den besten Graphikdesigner, den ich finden konnte und gab ihm den umwerfenden Text, den ich geschrieben hatte. Ich machte ein Mailing. Ich inserierte im *Wall Street Journal*. Und die Leute fingen an, sich anzumelden. Jetzt mußte ich über die Veranstaltung selbst nachdenken. Ich wollte sie so interessant machen, daß das Publikum verlangen würde, ich sollte das Gleiche in sechs Monaten noch einmal veranstalten. Ich bekam den besten Konferenzplaner, den ich finden konnte, um mit bei der Logistik zu helfen. Ich engagierte eine Jazz-Band mit drei Musikern, die um sieben Uhr morgens spielen sollte. Ich verwendete alte Fernseh-Werbespots, um die Sprecher vorzustellen, und um dem Programm Würze zu geben. Ich brachte Kapitalanlagefirmen dazu, den offiziellen Empfang zu sponsern. Die Konferenz war ein großer Erfolg. Mein Forscher, Künstler und Richter haben bei der Entstehung der Idee geholfen. Mein Krieger hat sie verwirklicht.

Was jetzt folgt, sind acht grundlegende Strategien, die Ihr Krieger verwenden kann, um sein Ziel zu erreichen.

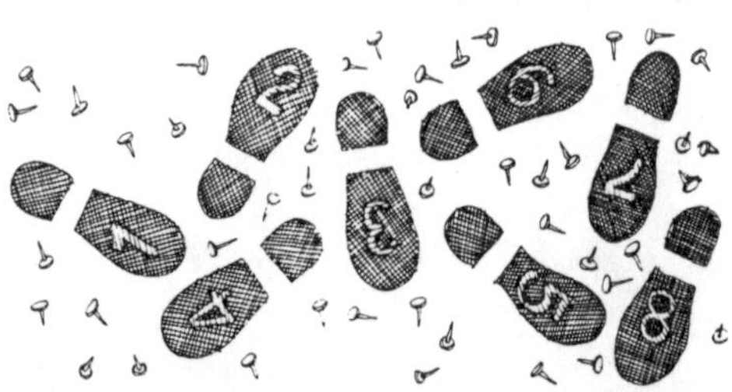

Konstruieren Sie Ihren Plan

Sie können zu den Leuten auf der Straße gehen und sie fragen, ob sie reich sein wollen, und 99% werden Ihnen sagen: „Natürlich möchte ich reich sein." Aber sind sie bereit, das zu tun, was notwendig ist, um erfolgreich zu sein? Nicht viele sind es.

– Arthur Rock, Unternehmer –

Was ist Ihr Ziel? Was ist es, das Sie erreichen wollen? Können Sie es einfach in einem oder zwei Sätzen ausdrücken? Können Sie ein Bild davon zeichnen? Können Sie sich sehen, wie Sie Ihr Ziel erreichen?

Was ist Ihr Plan? Wie beabsichtigen Sie von Hier nach Da zu gelangen? Was sind die fünf oder zehn wichtigsten Dinge, die Sie tun müssen, um Ihr Ziel zu erreichen? Welche davon sind die entscheidenden? Welche davon sind weniger wichtig? Welche können Sie heute erledigen? Welche hängen davon ab, was Sie morgen tun? Sie werden wahrscheinlich viele kleinere Schlachten auf dem Weg zu Ihrem Ziel zu schlagen haben. Haben Sie eine Strategie?

Wie wollen Sie mit den Hindernissen auf Ihrem Weg fertigwerden? Mit brutaler Gewalt? Raffinement? Überraschungseffekt? Diplomatie? Verbissener Hartnäckigkeit?

Welches sind Ihre Ressourcen? Haben Sie eine „Kriegskasse"? Wer sind Ihre Verbündeten? Was sind die Namen von fünf Leuten, die Ihnen dabei helfen können, Ihr Ziel zu erreichen? Wer sind Ihre Vorbilder? Wer hat etwas getan, das dem, was Sie erreichen wollen, gleicht? Was können Sie von diesen Beispielen lernen?

Denken Sie daran, wie Sie Ihre Idee verkaufen wollen.

Bleiben Sie auf Ihr Ziel konzentriert. Wenn Sie versuchen, fünfzig andere Dinge zur gleichen Zeit zu tun, können Sie nicht erwarten, daß Sie hierbei gute Arbeit leisten werden. Rechnen Sie sich aus, welche Schlachten wert sind geschlagen zu werden, und welche eine Energieverschwendung sind.

Setzen Sie sich dafür ein, Erfolg zu haben. Bedenken Sie die Opfer, die Sie bringen müssen. Bedenken Sie auch die Folgen eines möglichen Fehlschlags. Seien Sie nicht zufrieden, bevor Sie es mit allen Kräften versucht haben.

Seien Sie Feuer und Flamme

Der grundlegende Unterschied zwischen einem gewöhnlichen Menschen und einem Krieger ist, daß der Krieger alles als eine Herausforderung nimmt, während der gewöhnliche Mensch alles entweder als einen Segen oder als einen Fluch nimmt.

– Carlos Castaneda, Anthropologe –

Übung: Was motiviert Sie, um Ihre Idee in die Tat umzusetzen? Was feuert Sie an?

- ☐ Persönlicher Ausdruck
- ☐ Geld
- ☐ Überleben
- ☐ Anerkennung
- ☐ Vergnügen und Genuß
- ☐ Langeweile
- ☐ Angst vor dem Versagen
- ☐ Abgabetermine
- ☐ Unzufriedenheit

Von all diesen Dingen wird Ihr kreatives Feuer geschürt. Ein sehr zwingendes Motiv ist, daß sich die Dinge schnell ändern. Was letztes Jahr funktioniert hat, mag nicht die beste Art sein, wie man die Probleme in diesem Jahr lösen kann, oder wie man die Gelegenheiten im nächsten Jahr zu seinem Vorteil nutzen kann. Insofern bedeutet Überleben auch, Ihre Ideen zu verwirklichen.

Ein weiterer Ansporn ist Unzufriedenheit. Ich traf einmal einen Erfinder, der sechzehn Stunden am Tag damit zubrachte, sich in seiner Kunst zu üben. Als ich ihn fragte, warum er soviel Zeit damit verbringe, seine Ideen weiterzuführen, antwortete er: „Weil ich unzufrieden bin mit allem, in der Form, wie es derzeit existiert." In eine ähnliche Richtung geht eine Bemerkung von dem britischen Humoristen Christopher Morley, der einmal sagte: „Hohe Absätze sind von einer Frau erfunden worden, die auf die Stirn geküßt worden war."

Wie steht es mit Abgabeterminen? Der Werbejingle-Texter Steve Karmen bemerkte einmal: „Letztendlich ist die beste Inspiration der Abgabetermin. Das ist, wenn man das tun muß, was wirklich zu tun ist." Und so vermutet auch der Unterhaltungsmanager Nolan Bushnell, daß das, was die amerikanischen Unternehmen erfolgreich gemacht hat, das „Trade Show"-Phänomen sei. Er sagt: „Die Tatsache, daß zweimal im Jahr die kreativen Talente dieses Landes rund um die Uhr arbeiten, um etwas für eine Handelsmesse fertigzustellen, ist sehr gut für die Wirtschaft. Ohne diese Art von Druck würden die Sachen zerkocht."

Ein anderes Antriebsmotiv ist, wenn man eine Leidenschaft für die eigene Idee hat. Etliche Unternehmer haben mir erzählt: „Du machst, was du für dich willst. Es ist dieser Wunsch, der dich über jedes Hindernis, das sich dir in den Weg zum Ziel stellt, hinwegtreibt."

Was setzt Sie in Feuer und Flamme? Was immer es ist, verwenden Sie es, um sich selbst in der Aktion vorwärtszutreiben.

Seien Sie beherzt wie ein Löwe

Falls der Schöpfer einen Zweck damit verbunden hat, uns mit einem Hals auszustatten, wollte er sicher, daß wir ihn hinhalten.

– Arthur Koestler, Schriftsteller –

Mut ist die erste der menschlichen Tugenden; denn es ist die Tugend, die alle anderen verbürgt.

– Aristoteles, Philosoph –

Eine neue Idee ist von Natur aus anders – sie führt abseits der ausgetretenen Pfade – und man braucht Mut, um ein Scheitern oder eine Zurückweisung zu riskieren. Woher wissen Sie zum Beispiel, daß Ihr brillanter Einfall Sie nicht in eine Sackgasse führt, Sie dumm aussehen läßt, Sie Geld kostet, oder Schlimmeres? Sie wissen es nicht. Deshalb ist ein wesentliches Merkmal des kreativen Denkens der Mut, ein Risiko einzugehen.

Übung: Was gibt Ihnen den Mut, eine neue Idee auszuprobieren?

- ☐ Ein gutdurchdachter Angriffsplan
- ☐ Vergangener Erfolg
- ☐ Eine hohe potentielle Belohnung
- ☐ Ermutigung von anderen Leuten
- ☐ Der Glaube an sich selbst
- ☐ Vertrauen in die Idee
- ☐ Ein „Plan B"
- ☐ Keine Alternative zu haben

Was ist Mut? Im Wörterbuch steht etwas in der Art von „die geistige Stärke, Gefahr, Furcht oder Schwierigkeiten zu riskieren, durchzuhalten oder zu widerstehen". Ich glaube, daß es eine bessere, etymologische Definition dafür gibt. Das englische Wort für Mut – „courage" – kommt von dem Altfranzösischen *cuer* und dem lateinischen Wort *cor*, beides bedeutet „Herz". Und so hat Mut haben etwas damit zu tun, daß man sein Herz in die Anstrengung legt!

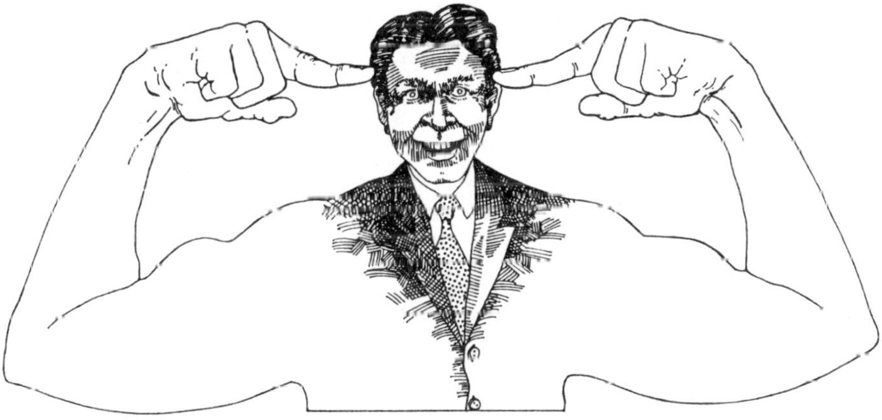

Tip: Jeder hat einen „Risiko-Muskel". Sie halten ihn fit, indem Sie neue Dinge ausprobieren. Nehmen Sie sich vor, diesen Muskel mindestens einmal am Tag zu aktivieren.

Legen Sie los

Sie schieben etwas auf, das Sie tun wollten, worauf warten Sie? Sie wollten immer schon mal Banjo spielen? Fangen Sie an Stunden zu nehmen. Sie haben davon geträumt, die griechischen Inseln zu besuchen? Rufen Sie bei einem Reisebüro an. Sie hassen Ihre Badezimmertapete? Kratzen Sie sie ab und malen Sie Ihr Badezimmer neu. Sie fühlen sich besser, wenn Sie sich bewegen? Fangen Sie an zu joggen. Sie lieben den Geschmack von selbstgepflanzten Tomaten? Pflanzen Sie Ihre eigenen. Sie ärgern sich über die Schlaglöcher in Ihrer Straße? Gehen Sie zu einer Gemeindeversammlung. Was immer Sie aufgeschoben haben, tun Sie es *jetzt*. Morgen kann es zu spät sein.

– Harry Gray, Geschäftsführer –

Was immer Sie als erstes tun müssen, tun Sie es. Legen sie los. Stellen Sie keine negativen Vermutungen über das Resultat an. Es ist an Ihrem Richter, das zu beurteilen.

Schärfen Sie Ihr Schwert. Entwickeln Sie die Talente, die Sie in die Lage versetzen, Ihre Idee durchzuführen. Wenn das bedeutet zu lernen, wie man verkauft, dann tun Sie's. Wenn es bedeutet, einige technische Fähigkeiten zu lernen, dann tun Sie das. Wenn es bedeutet, den Umgang mit Menschen zu lernen, dann tun Sie dies.

Versetzen Sie sich selbst in die Lage, Ihr Ziel zu erreichen. Wenn Sie ein Sänger sein wollen, denken Sie nicht daran, ein Sänger *sein zu wollen*, singen Sie. Singen Sie unter der Dusche. Singen Sie für Ihre Freunde. Treten Sie einem Chor bei. Singen Sie umsonst. Gehen Sie los, und tun Sie es.

Befreien Sie sich von Ihren Ausreden

Man kann keinen Elfmeter schießen, wenn man nicht in den gegnerischen Strafraum kommt. Man kann keinen Fisch fangen, wenn man nicht die Leine ins Wasser hängt. Man kann sein Ziel nicht erreichen, wenn man es nicht versucht.

– Kathy Seligman, Journalistin –

Etwas zu wissen und es nicht zu tun, ist Nichts zu wissen.

– Sprichwort in der Wall Street –

Übung: Was war die letzte gute Idee, die Sie hatten, und die Sie nicht ausgeführt haben. Welche Gründe haben Sie dafür?

- ☐ „Ich hatte nicht die Zeit dazu."
- ☐ „Ich wußte nicht, was ich als Nächstes tun sollte."
- ☐ „Ich konnte sie nicht verkaufen."
- ☐ „Ich habe keine Unterstützung dafür bekommen."
- ☐ „Ich hatte nicht die Mittel dazu."
- ☐ „Ich hatte Angst zu versagen."
- ☐ „Ich habe mich nicht wirklich engagiert."

Dies sind alles stichhaltige Gründe. Aber stichhaltig oder nicht, dies sind die Ausreden, die Sie davon abhalten, Ihre Idee in die Tat umzusetzen. Es ist der Job Ihres Kriegers, diese Ausreden zu eliminieren.

Der spanische Forscher Cortez wußte von diesem Problem. Als er im 16. Jahrhundert in Veracruz landete, war das erste was er tat, nachdem die Ausrüstung entladen war, seine Schiffe zu verbrennen. Dann hielt er seinen Männern eine anfeuernde Rede. „Männer", sagte er zu ihnen, „ihr könnt entweder kämpfen oder sterben." Was er tat, indem er die Schiffe verbrannte, war, eine dritte Möglichkeit zu eliminieren – nämlich auf dem Absatz kehrt zu machen und nach Spanien zurückzufahren. Cortez wußte, daß diese Rückzugsmöglichkeit zur Niederlage führen könnte, und die Vernichtung der Schiffe gab seinen Männern eine starke Motivation zu siegen. Insofern müssen Sie sich für Ihre Idee verpflichten; Sie müssen lernen, „Ihre Schiffe zu verbrennen", indem Sie sich davon überzeugen, daß Sie nicht zurückkönnen.

Vor einigen Jahren befand ich mich einmal in einer ähnlichen Situation, bei einer Schwimm-Meisterschaft. Am Abend vor meinem ersten nationalen Wettkampf in Mission Viejo, unterhielt ich mich mit anderen über die Tatsache, daß dies unsere erste Begegnung seit über zehn Jahren war, als wir auf dem College gegeneinander antraten. Einer von ihnen, ein Brustschwimmer, beschloß, seine Beine zu rasieren, um den Wasserwiderstand zu reduzieren. Während wir darüber redeten, beschloß ich ebenfalls, meine Beine zu rasieren, um mir einen psychologischen Vorteil für mein wichtigstes Rennen, die 500 Yard Freistil, zu verschaffen. Dieses Rennen dauert ungefähr 5 Minuten. Manchmal starte ich zu schnell, werde nach 400 Yards müde und lasse nach. An diesem Abend versprach ich mir, daß ich durchhalten würde, egal was passiert. Am nächsten Tag schwamm ich ein großartiges Rennen und wurde Landes-Sechster, wobei ich einen ehemaligen Olympia-Goldmedaillengewinner schlug. Ich begriff, daß ich, indem ich meine Beine rasiert hatte, alle Ausreden für eine schlechte Leistung beseitigt hatte. Wenn ich schwach gewesen wäre und gesagt hätte, „Na gut, ich war wirklich nicht fit für dieses Rennen", wäre ich niemals imstande gewesen, die Frage zu beantworten: „Warum hast du deine Beine rasiert?"

Ein Ingenieur erzählte mir die folgende Geschichte über seine wiederholten Versuche, mit dem Rauchen aufzuhören. Immer wenn er aufhörte, schien es, als bekäme er nach einigen Tagen Verstopfung. Nachdem die Verstopfung eine Woche gedauert hatte, war das seine Entschuldigung dafür, daß er das Rauchen wieder aufnahm. Er ging mehrere Male durch diesen Kreislauf, indem er das Rauchen aufgab, Verstopfung bekam und wieder mit dem Rauchen anfing. Schließlich wurde ihm klar, daß er die Sache in die Hand nehmen und seine Ausrede eliminieren mußte. Er ging zum Lebensmittelladen, kaufte eine fünfundzwanzig-Kilo-Packung getrocknete Pflaumen und hörte wieder auf zu rauchen. Dann nahm er jedesmal, wenn er eine Zigarette rauchen wollte, eine Pflaume. Innerhalb von wenigen Wochen hatte er beide Probleme gelöst.

Übung: Nennen Sie drei Faktoren, die es Ihnen schwer machen, Ihr Ziel zu erreichen? Werden Sie diese als „Gründe" – Ausreden – dafür angeben, Ihr Ziel nicht zu erreichen?

Verstärken Sie Ihren Schutzschild

Eine dicke Haut ist eine Gabe Gottes.

– Konrad Adenauer –

Wenn du die Hitze nicht aushältst,
geh aus der Küche.

– Harry Truman, 33. Präsident der Vereinigten Staaten –

Übung: Wie reagieren Sie auf Kritik?

☐ „Es gehört zum Spiel. Wenn man neue Dinge tun wird, muß man damit rechnen, daß einige Leute einen auf's Korn nehmen, weil sie sich bedroht fühlen, oder es nicht verstehen."

☐ „Wenn ich glaube, daß ich kritisiert werde, zögere ich, etwas Neues auszuprobieren."

Neue Ideen können bedrohlich sein. Es liegt in der Natur der Sache, daß sie bestehende Regeln, Hierarchien und Annahmen in Frage stellen. Als Stravinsky sein Ballett *Frühlingsreigen* zum ersten Mal aufführte, sah er sich einem vor Empörung tobenden Publikum gegenüber. Als Kepler das Problem der Umlaufbahnen der Planeten richtig löste, indem er Ellipsen statt Kreise verwendete, wurde er geschmäht. Als frühe Microcomputeringenieure versuchten, ihre Ideen in den 70er Jahren an größere etablierte Firmen zu verkaufen, wurden sie ausgelacht. Wie der Pädagoge Roy Blitzer sagte:

Der einzige Mensch, der möchte,
daß sich etwas verändert, ist ein nasses Baby.

Negative Reaktionen auf neue Ideen sind nichts Schlechtes. Weil viele Ideen nichts taugen (der Richter von einigen Leuten funktioniert nicht richtig), können sie die Kräfte aufzehren, und eine negative Reaktion kann sie dann hinwegspülen. Außerdem, wenn jeder jede neue Idee, die daherkommt, durchführen würde, gäbe es bald ein Chaos.

Der britische Film *The Man in the White Suit* von 1951 liefert dazu ein gutes Beispiel. Alec Guiness spielt darin Sid, einen Polymer-Techniker, der eine unzerstörbare Faser geschaffen hat, die nie gesäubert werden muß. Das klingt wie ein Segen für die Menschheit, nicht wahr? Nun, die Besitzer der Spinnereien wollen die Faser nicht, weil sie dem Textilhandel die Grundlage entziehen würde. Die Arbeiter sind auch nicht gerade begeistert, weil die Faser Arbeitsplätze vernichten würde. Hier ist eine Szene, in der Sid seine Entdeckung einem Kollegen mitteilt.

Sid: Wir sind gerade dabei, der Presse meine neue Faser anzukündigen.

Arbeiter (liest Sids Pressemitteilung laut vor): „Sie wird niemals schmutzig und trägt sich niemals ab."

Sid: Das ist richtig.

Arbeiter: Und du glaubst, daß die Geschäftsleitung da mitmacht?

Sid: Ja.

Arbeiter: Du bist ja noch nicht einmal geboren. Was glaubst du denn, was mit all den anderen Sachen passiert ist? Mit der Rasierklinge, die nie stumpf wird? Dem Auto, das mit Wasser betrieben wird, mit einer Prise von irgendwas drin? Nicht in einer Million Jahren werden sie dein Zeug auf den Markt lassen.

Sid: Aber so ist es nicht.

Arbeiter: Wenn sich dieses Zeug niemals abnutzt, brauchen wir davon nur einen Posten zu machen. Das ist ja schön, sechs Monate Arbeit, und dann werden alle Spinnereien im Land geschlossen. Dagegen muß was getan werden.

Für den Rest des Films sind sowohl die Spinnereibesitzer, als auch die Arbeiter hinter Sid her, damit sie seine Faser vernichten können. Als sie ihn endlich in die Ecke getrieben haben, sind sie erleichert, weil sie entdecken, daß sein weißer Wunderfaser-Anzug auseinanderfällt, und daß der Stoff also überhaupt nicht unzerstörbar ist.

Was ich damit sagen will, ist, daß viele Leute Ihre Idee auf's Korn nehmen werden. Sie werden Kommentare hören wie:

Das ist zu radikal.

Das widerspricht der Geschäftspraktik.

Das wird in unserem Wirtschaftsbereich nicht funktionieren.

Können Sie garantieren, daß es funktioniert?

Unsere Rechtsanwälte haben Bedenken.

Es wäre nicht praktikabel.

Wir können das nie vermarkten.

Wir haben nicht die Zeit.

Vielleicht haben sie recht damit. Vielleicht ist Ihre Idee unausgegoren. Tatsächlich ist gute Kritik eine der besten Reaktionen, die Sie erhalten können. Es ist jedoch oft so, daß Leute Ideen-Killer einsetzen, weil sie sich von Ihrem Einfall bedroht fühlen und ihn „abschießen" wollen. Insofern ist es wichtig, sich daran zu erinnern, daß Ideen-Killer im Allgemeinen wahl- und kritiklos verwendet werden, um dann, wenn jemand anfängt so einen Ideen-Killer bei Ihrer Idee einzusetzen, diesen als das erkennen zu können, was er ist.

Verkaufen, verkaufen und nochmals verkaufen

Es ist nicht kreativ, wenn es sich nicht verkauft.

– Motto von Benton & Bowles, Werbeagentur –

Übung: Vor einigen Jahren erschien die folgende Anzeige im *Wall Street Journal*.

DAS STRESS-SYNDROM

Es geht etwas vor sich in den Büros und den Fabriken. In Restaurants und Krankenhäusern. In Banken und Supermärkten. Es ist Streß. Und es wird zum Teil durch Lärm verursacht – alle Arten von Lärm – vom Klingeln der Schreibmaschinen bis zu Unterhaltungen. Studien haben gezeigt, daß Streß die Leistung schwächt und verlangsamt. Er macht uns anfällig. Sie können etwas gegen das Streß-Syndrom tun ...

Die Anzeige wird fortgesetzt, indem den Lesern gesagt wird, was sie gegen ihr Streß-Problem tun können. Können Sie das Produkt erraten?

Viele Ideen erfordern von den anderen den Einsatz ihrer Zeit, ihrer Mittel und ihres Engagements. Ihr Krieger sollte darüber nachdenken: „Was hat meine Idee an sich, das die Aufmerksamkeit der Leute auf sich zieht? Was wird sie zum Verkaufserfolg machen?"

Denkt Ihr Krieger wie ein Verkäufer? Das sollte er. In einer Marktwirtschaft zu leben, macht es notwendig, daß Sie permanent Ideen verkaufen: Ihrem Chef, Ihren Kollegen, Ihren Untergebenen und Ihrem Lebenspartner. Wenn Sie Ihre Einfälle nicht verkaufen können, kann es passieren, daß es schwierig für Sie wird. Ich bin vielen Leuten begegnet, die großartige Ideen hatten, die sie nicht verwirklichen konnten, weil sie nicht imstande waren, sie zu verkaufen. Eigentlich braucht man manchmal ebenso viel Kreativität dazu, sich auszudenken, wie man die eigene Idee verkaufen soll, wie dazu, die Idee überhaupt erst hervorzubringen.

Eine meine Lieblingsverkaufsmethoden ist, nicht die Idee oder das Produkt selbst zu betonen, sondern:

Das Produkt des Produkts.

Indem Sie „das Produkt des Produkts“ verkaufen, stellen Sie die Idee in einen Kontext, den der potentielle Käufer kennt und versteht. Hier sind Beispiele. Anfang der 60er Jahre brachte ein führender Werkzeughersteller eine neue Serie von Bohrern auf den Markt. Es waren gut konstruierte Bohrer, aber nachdem sie auf den Markt kamen, verkauften sie sich einfach nicht. Die Firma beschloß, eine Marktanalyse durchzuführen, und sie fanden heraus, daß die meisten potentiellen Käufer von Bohrern nicht an „Bohrer“ denken, sondern an „Löcher“ – welches deren „Produkt des Produkts“ ist. Die Firma positionierte ihr Produkt so, daß damit die Stärke des Bohrers im „Löcherschaffen“ betont wurde und war erfolgreich damit.

Ein anderes Beispiel ist Charles Revson, einer der Gründer des Kosmetikkonzerns Revlon. Auf einer Cocktail-Party zu Beginn der 70er Jahre fragte ihn eine Dame, welches das Produkt sei, mit dem er handelt. Revson antwortete: „Meine verehrte Dame, in den Fabrikhallen ist unser Produkt Kosmetik, aber in den Warenhäusern ist unser Produkt *Hoffnung*.“

Wie ist die Streß-Syndrom-Übung gelaufen? Was denken Sie, um welches Produkt es sich handelt? Ruhigere Büromaschinen? Akustikdeckenfliesen? Neuartige Generatoren? Streß-Management-Beratung? Ein Reisebüro? Eine pharmazeutische Firma? Das ist alles gut geraten. Die Anzeige stammte jedoch von *Muzak* Hintergrundmusik. Wenn man die Anzeige weiter liest, heißt es:

> Mit Muzak können Sie eine Atmosphäre schaffen, die Sie auf angenehme Weise umgibt. Muzak beschwingt in der Monotonie, beruhigt die Patienten, macht, daß sich die Leute während ihrer Mahlzeiten wohler fühlen und schärft die Konzentration.

Mit einem Wort, Muzak verspricht, daß es die Leute *produktiver* macht. Das ist eine clevere Marketingstrategie. Wenn einige Leute an Muzak denken, dann stellen sie es in den gleichen Zusammenhang wie „Plastikblumen" und „Wartesignal beim Telefonieren". Indem das Produkt des Produkts betont wird, haben sich die Muzak-Leute in die Position gebracht, daß sie mit „Streßreduktion" und „Produktivität" handeln.

Ein weiterer Aspekt davon, daß man das Produkt des Produkts verkauft: es gibt viele Produkte des Produkts. Es ist eine Sache, wenn Sie darüber mit einer Hausfrau sprechen, eine andere mit einem Techniker und wieder eine andere mit einem Bauern.

Tip: Denken Sie über den Verkauf Ihrer Idee nach. Was ist das Produkt Ihres Produkts? Welche Möglichkeiten schafft es für andere Menschen?

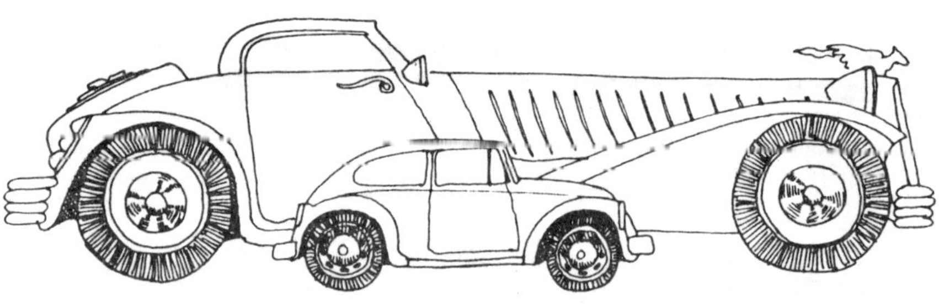

Übung: Hier ist ein Test, der Ihnen dabei hilft, wie ein Verkäufer zu denken. Mein Freund Bryan Mattimore ist ein außergewöhnlicher Erfinder. Allerdings kann er sich nicht an die Namen erinnern, die seine Werbeagentur den letzten acht Erfindungen von ihm gegeben hat. Können Sie Bryan weiterhelfen? Finden Sie zu jedem Produktnamen die entsprechende Beschreibung.

Produkt-Name	**Produkt-Beschreibung**
1) **On-Queue** Damit stecken Sie Ihren Gegner in die Hosen- (und Billardtisch-)Tasche!	A) Videos für Schläfer
2) **Zwei Köpfe sind besser als einer** Lassen Sie jemanden anderen für sich lernen!	B) Kugelsichere Modeartikel
3) **Stop! Im Namen der Liebe** Macht es auch zu *seiner* Verantwortung!	C) Vorrichtung zur Verbreitung von sphärischen Duftstoffen
4) **Das Einparkschild** Sie brauchen nicht länger nach dem Gehör zu parken, wenn Sie in diese schmalen Parkplätze wollen.	D) Billardstock mit Digital-Zielmechanismus
5) **Nur die Starken überleben** Wenn Sie solange leben wollen wie Ihre Kleider.	E) Unterwasser-Hörgerät
6) **Traum-Macher** Ihr „Nachtleben" braucht niemals zu Ende zu sein.	F) Gehirn zu Gehirn Informationsübertrager
7) **Die Schnüffler-Party** Mit 10000 Gerüchen zur Auswahl, wird Ihre Party zur Orgie!	G) Nummernschild, das die Abstände mißt
8) **Das Ohr des Schwimmers** Dieser Hammerhai wird Sie nicht noch einmal mit ungeladener Harpune erwischen!	H) Die „Pille" für den Mann

Seien Sie hartnäckig

Laßt uns mit Ausdauer in dem Wettkampf laufen,
der uns aufgetragen ist.

– Brief an die Hebräer 12,1 –

Wenn du unten im Bauch bist, denke an Jonas
– er kam heil heraus.

– Thomas Edison, Erfinder –

Seien Sie bereit, schnell zuzuschlagen, um Ihr Ziel zu erreichen. Seien Sie jedoch ebenfalls für eine lange Kampagne gerüstet. Manchmal besteht nicht weniger als achtzig Prozent des kreativen Prozesses darin, sich verbissen und zäh auf Ihr Ziel hinzuarbeiten.

Sie werden wahrscheinlich auf Ihrem Weg einige Male umgeworfen. Wenn das passiert, stehen Sie wieder auf. Andernfalls enden Sie mit Fußabdrücken auf Ihrem Rücken. Jeder erleidet Rückschläge. Es gibt Leute, die Ihre Anrufe nicht beantworten. Ihr Prospekt wird auf dem falschen Papier gedruckt. Ihr Soufflé fällt zusammen. Es regnet während Ihrer Parade. Ihre kleinen Verkaufstricks funktionieren nicht. Wenn etwas schiefgeht, sollte Ihr Krieger herausfinden, was es ist, und dann weitermachen.

Tatsächlich hat eine kürzlich von Kapitalanlegern erstellte Studie ergeben, daß die Eigenschaft, nach der sie am meisten suchen, wenn Sie in einen Unternehmer investieren, dessen „Fähigkeit, eine immense Anstrengung durchzuhalten", ist. (Diese Fähigkeit rangiert höher als „vertraut mit den Marktmechanismen", „hat seine Führungsqualitäten in der Vergangenheit bewiesen" und „Fähigkeit, ein Risiko einzugehen".)

Als Michelangelo die Sixtinische Kapelle ausmalte, mußte er es aushalten, dies sieben Jahre lang auf einem Gerüst auf dem Rücken liegend zu tun. Lenin verbrachte dreißig Jahre damit, sich für seine Revolution vorzubereiten. Der Erfinder Chester Carlson putzte jahrelang Klinken, bevor er Geldgeber für seinen „Xerox"-Photokopiermechanismus fand. Der Schriftsteller James Michener wurde einige Male abgewiesen, bevor er einen Verleger fand für seinen ersten Roman, *Tales of the South Pacific.* Die Marathonläuferin Joan Benoit mußte sich nur siebzehn Tage vor den U.S.-Ausscheidungskämpfen für die Olympiade einer Operation am Knie unterziehen, aber ihre Zielstrebigkeit befähigte sie, es nicht nur in die Olympiamannschaft zu schaffen, sondern auch die erste Olympische Goldmedaille zu gewinnen, die je in ihrer Disziplin vergeben wurde. Als Winston Churchill gebeten wurde, zu sagen, welches die wichtigste Lektion sei, die das Leben ihn gelehrt hat, antwortete er: „Gib niemals auf, gib niemals auf, gib niemals auf.“

Jemand hat mir einmal den folgenden Rat gegeben, der diesen Aspekt sehr gut ausdrückt.

> Nichts in der Welt kann die Hartnäckigkeit ersetzen.
>
> Talent wird es nicht können; nichts ist verbreiteter als erfolglose Menschen mit Talent.
>
> Genialität wird es nicht können; das verkannte Genie ist schon fast sprichwörtlich.
>
> Bildung wird es nicht können; die Welt ist voll von gebildeten Versagern.
>
> Hartnäckigkeit und Zielstrebigkeit allein sind allmächtig.

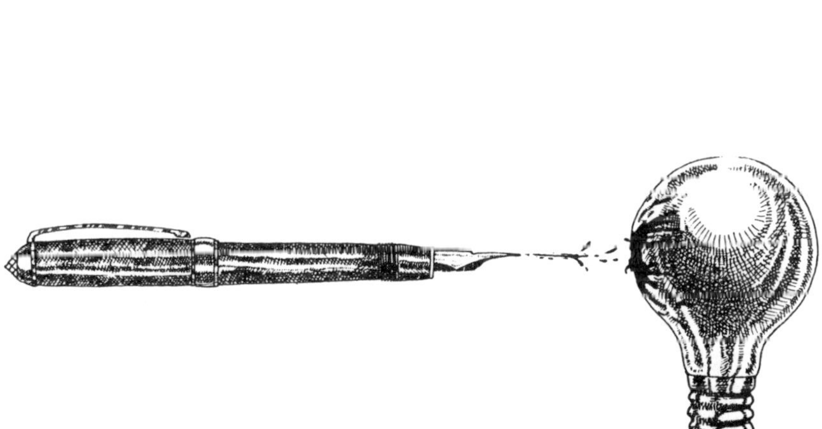

Warnung: Wenn Sie Ihre Ideen nicht ausführen, werden diese sterben.

Zusammenfassung

Der Krieger ist Ihre Rolle, in der Sie eine Idee von der Welt des „Was-Wäre" in die Welt des Handelns tragen. Wenn Sie diese Rolle annehmen, übernehmen Sie nicht nur die Verantwortung dafür, diese Idee zu verwirklichen, sondern Sie liefern auch den Gewinn für den gesamten kreativen Prozeß. Das ist so, weil der kreative Akt nicht eine Reihe geradliniger Schritte ist, sondern ein laufender Zyklus. Es ist der Krieger, der den Kreis schließt und den anderen Rollen ein Feedback gibt darüber, was funktioniert und was nicht, und was Potentiale in sich birgt.

Die beiden ärgsten Feinde der Aktion sind Furcht und der Mangel an Zutrauen. Ihre stärkste Waffe, um diese zu bekämpfen, befindet sich in Ihrem Kopf. Es ist Ihr Glaube daran, daß Sie es schaffen können. Oder wie es Henry Ford einmal sagte: „Ob Sie glauben, daß Sie es können oder nicht können, Sie haben recht." Mit einer „Ich kann"-Einstellung geben Sie sich selbst Mut und vertreiben die Selbstzweifel und Furcht, die Sie daran hindern könnten, Ihr Ziel zu erreichen.

Und schließlich, denken Sie an die Worte von Carl Ally:

Entweder man läßt sein Leben verstreichen, indem man die Dinge, die man machen möchte nicht tut, oder man steht auf und tut sie.

Der Schlachtruf des Kriegers

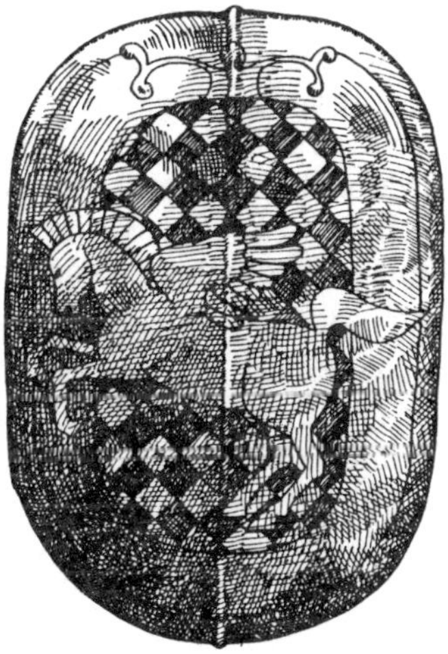

Trauen Sie sich. Welche guten Eigenschaften haben Sie, die Sie dazu befähigen, Ihre Idee durchzuführen?

Konstruieren Sie Ihren Plan. Was ist Ihre Strategie, um Ihr Ziel zu erreichen?

Seien Sie Feuer und Flamme. Was motiviert Sie, Ihr Ziel zu erreichen?

Seien Sie beherzt wie ein Löwe. Was sind Sie bereit zu opfern? Was sind die Folgen, falls es mißlingt?

Legen Sie los. Welche Ausreden könnten Sie davon abhalten anzufangen?

Schlagen Sie aus Ihren Mitteln Kapital. Wer sind die fünf Menschen, die Ihnen bei der Verwirklichung Ihrer Idee helfen könnten?

Schärfen Sie Ihr Schwert. Welche Talente können Sie sich aneignen, um Ihre Idee durchzuführen?

Wissen Sie Bescheid über das, was Sie verkaufen. Was ist das „Produkt des Produkts" Ihrer Idee?

Verstärken Sie Ihren Schutzschild. Welche Art von Kritik erwarten Sie zu erhalten? Was können Sie ihr entgegnen?

Bleiben Sie beharrlich. Welche Hindernisse könnten sich Ihnen in den Weg stellen? Wie können Sie diese umgehen?

Setzen Sie Ihre Energie vernünftig ein. Welche unnötigen Schlachten können Sie vermeiden?

Stehen Sie auf, wenn Sie umgeworfen werden. Wie hartnäckig sind Sie?

Genießen Sie Ihre Siege und lernen Sie von Ihren Niederlagen. Was haben Sie zustande gebracht? Was haben Sie gelernt?

Resümee

Resümee

In diesem Buch haben wir uns die vier Rollen im Verlauf des kreativen Schaffens betrachtet. Um sie noch einmal zu rekapitulieren:

Ihr Forscher ist Ihre Rolle, in der Sie nach Material suchen, aus dem neue Ideen entstehen.

Ihr Künstler ist Ihre phantasievolle, spielerische Rolle. Sein Job ist, das Material, das der Forscher für ihn zusammengetragen hat, zu nehmen und daraus originelle neue Ideen zu machen.

Ihr Richter ist Ihre Beurteilungsrolle. Sein Job ist, das, was der Künstler geschaffen hat, zu untersuchen und dann zu entscheiden, was damit zu tun ist: es durchzuführen, es zu verändern, oder es zu verwerfen.

Ihr Krieger ist Ihr „Macher". Seine Rolle ist, die Ideen anzunehmen, die der Richter für wert befunden hat, und zu tun was notwendig ist, um diese auszuführen.

Manchmal spielen Sie alle vier Rollen in nur kurzer Zeit durch. Nehmen wir an, Sie befinden sich in einer wichtigen Sitzung, und jemand stellt Ihnen eine schwierige Frage. Ihr Forscher wird Ihren Kopf durchsuchen nach Fakten und Informationen, die mit der Frage in einem Zusammenhang stehen. Ihr Künstler wird diese in eine Antwort formen. Ihr Richter wird entscheiden, ob diese Antwort angemessen ist. Und Ihr Krieger wird das Ergebnis zuversichtlich präsentieren.

Manchmal kann es passieren, daß Sie lange Zeit in jeder dieser Rollen verbringen. Nehmen wir an, Sie entwickeln ein neues Produkt. Möglicherweise verbringen Sie Monate als Forscher, indem Sie eine Marktanalyse erstellen. Und Sie verbringen dann vielleicht eine ebenso lange Zeit als Künstler und Richter im Verlauf der Entwicklung und Verbesserung des Konzepts. Und schließlich kann es dann noch ein Jahr oder länger dauern, bis Sie die verschiedenen Hindernisse aus dem Weg geräumt haben, die sich im Verlauf der Herstellung des Produkts und seiner ersten Vermarktung ergeben.

Sehen Sie sich Ihr kreatives Team an. Wie abenteuerlich ist Ihr Forscher? Wie unkonventionell ist Ihr Künstler? Wie zuverlässig ist Ihr Richter? Wie hartnäckig ist Ihr Krieger? Ich habe einen Freund, der ein kompetenter Forscher ist, ein ungewöhnlicher Künstler, ein zufriedenstellender Richter, und ein lausiger Krieger. Das Ergebnis davon ist, daß er wunderbare Ideen hervorbringt, aus denen nie etwas wird. Ich habe eine andere Freundin, die mittelmäßig ist – aber kompetent – in den ersten drei Rollen, und dann ist sie ein wilder Krieger. Als Resultat davon verwirklicht sie viele Ideen, die nur mäßig innovativ sind. Ich habe einen dritten Freund, der ein starker

Künstler ist, ein schwacher Richter, und ein toller Krieger. Wie zu erwarten, werden von ihm viele großartige und viele schreckliche Ideen in die Tat umgesetzt.

Für einen dynamischen kreativen Arbeitsverlauf ist es also von entscheidender Bedeutung, daß man alle vier Rollen annehmen kann. Wie bereits vorher dargelegt, wenn Sie in einer oder mehreren Rollen deutlich schwach sind, werden Sie einige Schwierigkeiten bekommen. Falls sich Ihr Forscher nicht abseits der ausgetretenen Pfade begibt, werden Sie keine neuen Informationen erhalten, von denen Sie Gebrauch machen können. Wenn Ihr Künstler nicht seine Vorstellungskraft einsetzt, werden Ihre Ideen nicht besonders originell sein. Wenn Ihr Richter nicht kritisch genug urteilt, könnten Sie eine falsche Entscheidung treffen. Und wenn Ihr Krieger nicht energisch genug ist, kann es sein, daß Sie nicht imstande sein werden, sich über die Hindernisse, die sich auf dem Weg zur Verwirklichung Ihrer Idee befinden, hinwegzusetzen.

Insofern ist es wichtig, alle Ihre Rollen fit zu machen und zu erhalten. Es ist ebenfalls wichtig zu wissen, wann es angemessen ist, die einzelnen Rollen einzunehmen. Wie mit den meisten Dingen im Leben, ist das Timing auch hier entscheidend. Wenn man am Strand einen Badeanzug trägt, ist das vernünftig. Wenn man einen Badeanzug trägt, um den Präsidenten zu treffen, macht das den Sicherheitsdienst nervös. Ähnlich kontraproduktiv kann es sein, wenn man eine Rolle zur falschen Zeit einnimmt.

Je nachdem welche Rolle Sie aktivieren, kann jede beliebige Situation eine Vielfalt von verschiedenen Resultaten ergeben. Lassen Sie uns zum Beispiel annehmen, Sie campen in einer Wildnislandschaft. Ihr Forscher wird solche Dinge tun wollen, wie nach unbekannten Pflanzen zu suchen und eine Kletterpartie zum Wasserfall zu unternehmen. Ihr Künstler wird Geschichten über die Sterne erfinden und einen besonderen Eintopf kochen wollen. Ihr Richter wird sich Sorgen machen über das Wetter und über irgendwelche gefährlichen Tiere. Ihr Krieger wird für alles bereit sein, was da kommen mag.

Es ist ebenfalls wichtig, im Wechsel von einer Rolle zur anderen flexibel zu sein. Zu Zeiten werden Sie wahrscheinlich an einer Reihe verschiedener Projekte arbeiten. Sie dürfen wandern von der Rolle des Richters bei der Frage, wo Sie Ihr Geld anlegen sollen, zu der Rolle des Kriegers, wenn Sie Ihre Idee Ihrem Chef verkaufen wollen, zu der Rolle des Künstlers, der Ihren Hinterhof landschaftlich gestaltet. Insofern wechseln Sie nicht nur in die und aus den verschiedenen Rollen für jedes einzelne Projekt, sondern Sie wechseln gewöhnlich zwischen den Rollen von Projekt zu Projekt. Sie müssen sich versichern, daß Sie nicht in der Rolle steckenbleiben, die Sie gerade verlassen.

Viel Spaß beim Theater in Ihrem Kopf!

Jack geht noch einmal zum Ideen-Doktor

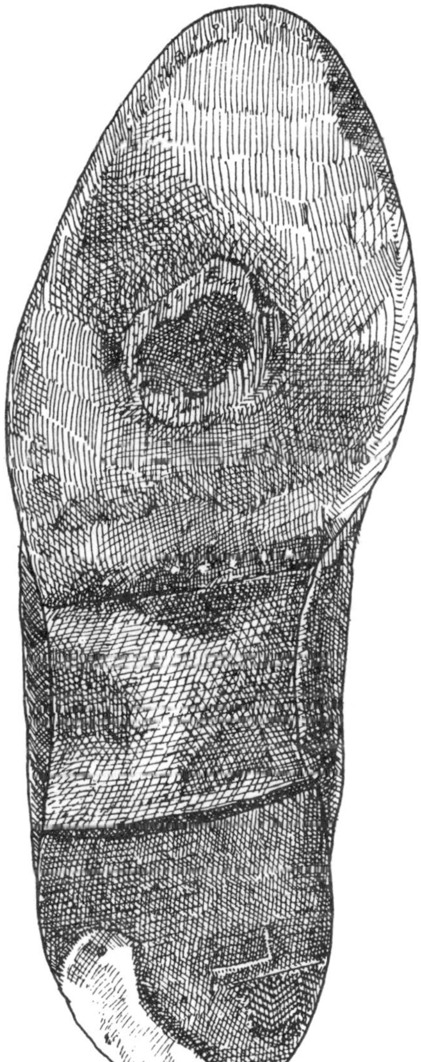

Noch ein Besuch beim Ideen-Doktor

Einfälle zu haben ist wie sich Rasieren:
wenn man es nicht jeden Tag macht, verkommt man.

– Alex Kroll, Werbefachmann –

Einen Monat nachdem er seinen Tritt in die Kehrseite erhalten hatte, geht Jack noch einmal zum Ideen-Doktor. „Dieser Kick hat wirklich meine Aufmerksamkeit geweckt“, erzählte ihm Jack. „Ich bin losgezogen und habe in neuen Bereichen geforscht. Ich habe neue Dinge kreiert. Meine Urteilsfähigkeit ist verbessert. Und ich war hartnäckiger in der Verfolgung meiner Ziele.“

„Das ist großartig“, sagte der Doktor. „Was kann ich heute für Sie tun?“

„Nun, ich habe Angst, daß sich der Effekt des Kicks abnutzt. Wie kann ich sichergehen, daß ich nicht noch einen brauche?“

Der Ideen-Doktor sah ihn an und sagte: „Lassen Sie mich Ihnen eine Geschichte erzählen. Vor einigen Jahren hatte ein Hersteller von Gefrierfisch Schwierigkeiten damit, Nachbestellungen für seine neue Geschmacksrichtung von Gefrierfisch zu erhalten. Der Direktor befaßte sich mit der Angelegenheit und fand heraus, daß seine Kunden nicht nachbestellten, weil der Fisch ‚flach‘ schmeckte. Er versuchte es mit so ungefähr jeder Methode, um den Fisch frisch zu halten, einschließlich der, daß die Fische lebend in Tanks gehalten wurden bis unmittelbar vor ihrer Verarbeitung. Aber nichts funktionierte. Er hatte schon keine Idee mehr, als zufällig ein Experte auf dem Gebiet der Naturgeschichte des Fisches vorbeikam. Der Mann gab nur einen Hinweis: ‚Sie sollten einen Raubfisch mit zu den Fischen geben.‘ Diese Idee funktionierte wie Zauberei. Die Fische blieben ständig in Bewegung, damit sie nicht gefressen werden, und das Ergebnis davon war, daß sie ihre Lebenskraft behielten. Es gab ein paar Verluste, aber diese wurden mehr als ausgeglichen durch ein florierendes Geschäft. Was der Raubfisch tat, war, daß er die Fische dazu zwang darauf zu achten, was um sie her vorgeht.“

Der Ideen-Doktor sagte weiter: „Ich werde Ihnen etwas geben, das Ihnen dabei hilft, auf Ihr Denken zu achten.“ Dann ging er zu seinem Safe, öffnete ihn und gab Jack ein Bild.

„Dies ist Ihre Denk-Kontrolle“, sagte der Doktor. „Es ist ein Bild von dem Schuh, mit dem ich Ihnen einen Tritt in die Hinterseite gegeben habe. Wenn Sie es ansehen, möchte ich, daß es diese Fragen in Ihrem Kopf auslöst:

Werde ich faul?

Bin ich zu beschäftigt?

Werde ich überheblich?

Werde ich ängstlich?

Wenn Ihre Antwort auf eine dieser Fragen ‚ja‘ lautet, ist das Ihre Warnung, die Ihnen signalisiert, diese Haltung zu ‚kicken‘. Wenn Sie zum Beispiel denken, daß Sie faul sind, dann setzen Sie sich selbst einen fixen Termin, zu dem Sie ein bestimmtes Ziel erfüllt haben müssen. Wenn Sie finden, daß Sie zu beschäftigt sind, dann machen Sie sich einen oder zwei Tage frei, um sich das Ganze im Zusammenhang zu betrachten und die Dinge in die richtige Perspektive zu rücken. Wenn Sie überheblich werden, dann stellen Sie sich vor, wenn die Situation, in der Sie sich so überlegen fühlen, aufhören würde zu existieren. Und wenn Sie sich ängstlich fühlen, dann trainieren Sie Ihren Risiko-Muskel und bringen Sie sich in eine Situation, die Ihnen eine realistischere Einschätzung davon vermittelt, wer Sie sind.

Verwenden Sie diese Denk-Kontrolle einmal am Tag, und Sie brauchen sich keine Sorgen mehr darüber zu machen, daß Sie Ihre Enden verkehrtherum tragen. Und außerdem wird Ihr Denken lebendig bleiben, und Sie werden weiterhin viele kreative Dinge tun.“

Jack nahm das Bild von dem Schuh mit nach Hause und hing es so auf, daß er es jeden Morgen beim Rasieren sehen konnte. Er hatte gelernt, daß letztendlich er derjenige sein mußte, der sich selbst einen Tritt gibt. Und er schafft kreative Dinge bis zum heutigen Tag.

Lieber Leser: hier ist Ihr Bild. Schneiden Sie es aus, malen Sie es aus, und hängen Sie es dorthin, wo es am besten wirkt.

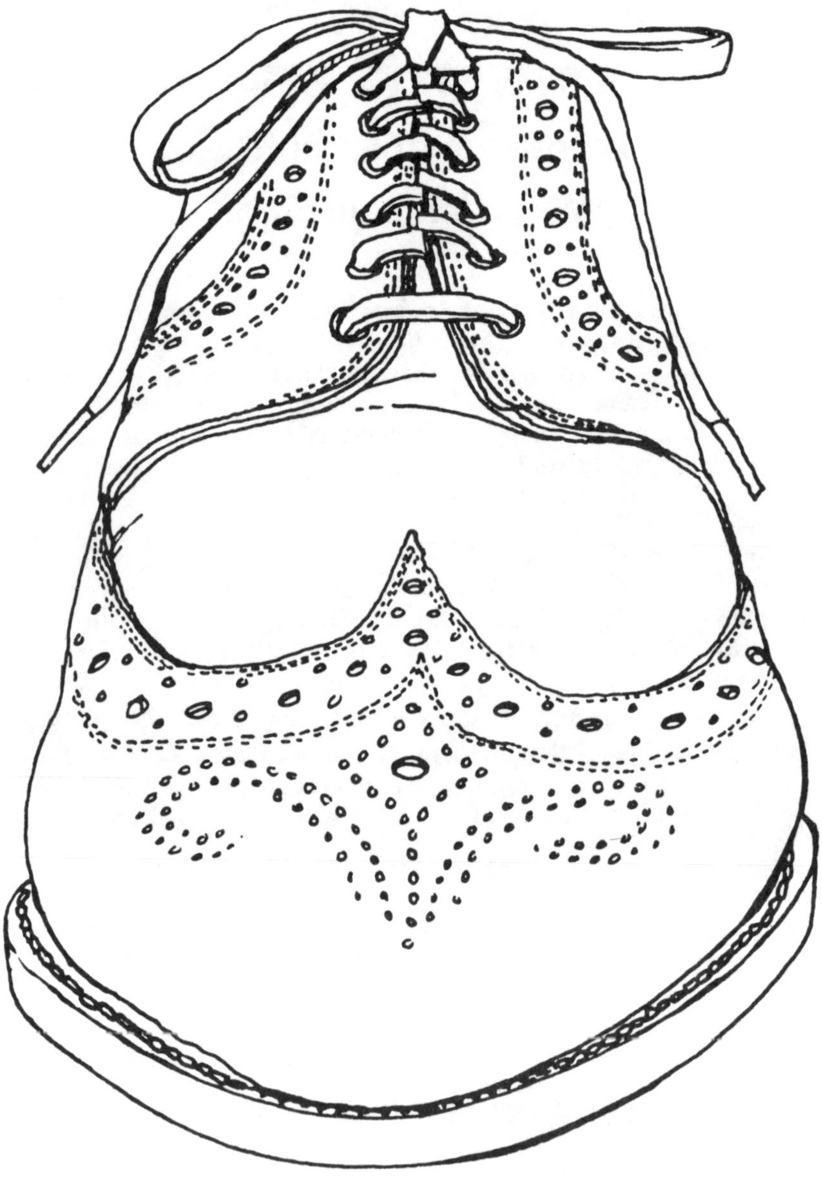

Schlußbetrachtung

Die einzigen wirklich glücklichen Menschen sind
Kinder und die kreative Minderheit.

– Jean Caldwell, Ur-Großmutter –

In diesem Buch habe ich von den verschiedenen Rollen im kreativen Prozeß gesprochen. Etwas, was ich jedoch nicht angesprochen habe, ist das *Produkt* dieses Vorgangs. Tatsächlich war ich in dieser Hinsicht ein bißchen unverbindlich. Ich habe Ihnen, dem Leser, erlaubt, es sich als gerade das Produkt vorzustellen, das Sie wollen, ob es sich dabei um die Gründung einer neuen Firma, ein neues Rezept für Hühnchen, eine Methode, um Konferenzen interessanter zu gestalten, oder einen neuen Stil in der Bildhauerei handelt. Also, jetzt kann ich es Ihnen gestehen: *Das Produkt des kreativen Denkens sind Sie.*

Geradeso wie ein Kiesel im Fluß von der Strömung, die um ihn herumfließt, geformt wird, oder ein Baum auf dem Felsen geformt wird durch Eisregen und dünne Luft, sind auch wir von unserer Umwelt geformt: die Sprache, die wir sprechen, das Wirtschaftssystem, von dem wir ein Teil sind, die Kleidung, die wir tragen, die Nahrung, die wir zu uns nehmen, die Medien, die uns bestürmen. Alles dies beeinflußt die Art wie wir denken und wer wir sind.

Aber im Gegensatz zu glatten Flußkieseln oder alpinen Bäumen, steht es uns frei, einige der Strukturen zu wählen, in die wir uns begeben. Wenn Sie sich auf Projekte einlassen, die Sie in kreativer Hinsicht bereichern, die Sie zwingen, zu forschen, zu formen, zu bewerten und offensiv zu handeln, dann werden Sie letzten Endes davon profitieren. Und das ist schließlich der größte Kick von allen.

Rückwärtiges

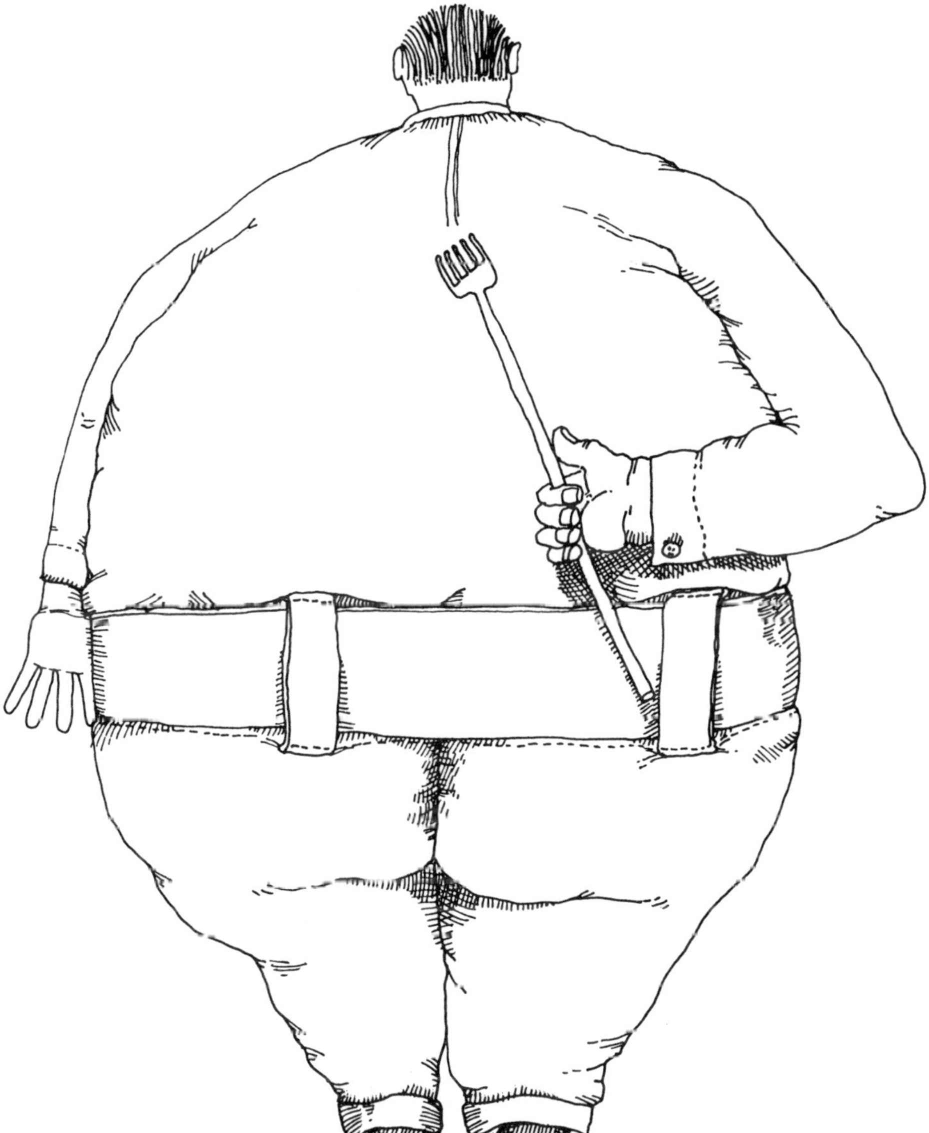

Anmerkungen

S. 14: Einer der ersten, die dieses Phänomen der verkehrten Enden entdeckten, war Bill Gove.

S. 37: Antworten zu der Bionik-Übung. 1-C, 2-H, 3-G, 4-I, 5-A, 6-B, 7-D, 8-J, 9-F, 10-E

S. 39: Alan Kay. Vortrag von Alan Kay auf der „Innovation In Industry"-Konferenz am 26. März 1985. Gesponsort von Creative Think.

S. 40: Steve Jobs. Vortrag von Steve Jobs auf der „Innovation In Industry"-Konferenz am 7. Oktober 1981. Gesponsort von Creative Think.

S. 64: Abraham Lincoln. Dieses Bild basiert auf Arbeiten, die Anfang der 70er Jahre in den Bell Laboratories durchgeführt wurden, um die geringstmögliche Anzahl von Informationen zu bestimmen, die für die Erkennung eines Musters notwendig sind.

S. 65: National Library Week. Larry Dobrow, *When Advertising Tried Harder. The Sixties: The Golden Age of American Advertising*. New York: Friendly Press, 1984.

S. 76: „Pferde wechseln."

S. 77: Carl Djerassi. Vortrag von Dr. Djerassi auf der „Innovation In Industry"-Konferenz am 2. November 1982. Gesponsort von Creative Think.

S. 83: Ein anregendes Buch über das visuelle Denken ist: Robert Sommer, *The Mind's Eye: Imagery in Everyday Life*. New York: Dell, 1978.

S. 90: Kreativitätstests mit komödiantischem Witz. James H. Austin, *Chase, Chase & Creativity*. New York: Columbia University Press, 1978.

S. 92: Landschaftliche Gestaltung der Wege. Christopher Williams, *Origins of Form*. New York: Architectural Book Publishing Company, 1981.

S. 104: Robert Gelber und das Timing. Aus John Dvoraks „Inside Track"-Kolumne in *InfoWorld*, 28. Dezember 1984.

S. 110: Sander-Parallelogramm. Peter Farb, *Humankind*. Boston: Houghton Mifflin, 1978.

S. 112: Die amerikanischen Soldaten und die englischen Frauen. Paul Watzlawick, *How Real is Real? Confusion, Disinformation, Communication*. New York: Random House, 1976.

S. 139: Antworten auf die Übung mit den Produkten und ihrer Beschreibung: 1-D, 2-F, 3-H, 4-G, 5-B, 6-A, 7-C, 8-E.

Personenverzeichnis

Über den Autor

Roger von Oech ist der Gründer und Präsident von *Creative Think*, einer in Menlo Park, Kalifornien, ansässigen Gesellschaft, die darauf spezialisiert ist, Innovation und Kreativität im Wirtschaftsleben zu stimulieren. *Creative Think* führt Beratungsdienste und Seminare durch, veröffentlicht Publikationen und organisiert Konferenzen.

Bevor Roger von Oech 1976 *Creative Think* gründete, arbeitete er für IBM im Bereich der Datenbasisorganisation und Datenkommunikation. Darüber hinaus arbeitete er ebenfalls für Remington Rand in den Niederlanden.

Dr. von Oech hat an der Ohio State University seine Prüfung mit summa cum laude abgelegt und promovierte an der Stanford University in einem Studiengang, den er selbst ins Leben gerufen hatte, der „Geschichte der Ideen".

Er ist verheiratet mit Wendy (die ebenfalls bei *Creative Think* arbeitet), und beide haben zwei Kinder, Athena und Alexander.

Ich hoffe, dieses Buch hat Ihnen gefallen. Wenn Sie uns irgendwelche Gedanken oder Kommentare dazu oder eigene kreative Erfahrungen mitteilen möchten, würde ich mich freuen von Ihnen zu hören. Bitte richten Sie Ihre Korrespondenz an:

Creative Think
Box 7354
Menlo Park, California 94026
U.S.A.